LA NOUVELLE GAUDRIOLE

RECUEIL

de Chansons bachiques, grivoises et facétieuses

PARIS

BERNARDIN-BÉCHET, LIBRAIRE

31, QUAI DES GRANDS-AUGUSTINS

LA GAUDRIOLE.

Paris. — Typ. de Gaittet et Cie, rue Git-le-Cœur, 7.

LA NOUVELLE
GAUDRIOLE

RECUEIL

de Chansons bachiques, grivoises
et facétieuses

PARIS

BERNARDIN-BÉCHET, LIBRAIRE

31, QUAI DES GRANDS-AUGUSTINS

1857

PAUVRE GAUDRIOLE.

Air : *La bonne aventure, ô gué !*

La chanson est maintenant
  Une rude école ;
La nouveauté d'à-présent
  N'a plus rien de drôle.
Avec Piron et Collé,
Le talent s'est envolé.
  Pauvre gaudriole,
    O gué !
  Pauvre gaudriole !

Je ne sais plus égayer,
  Car ta gaité folle
A fini par effrayer
  Ma muse frivole.
Béranger s'est retiré,
Chantons un *Miserere*.
  Pauvre gaudriole,
    O gué !
  Pauvre gaudriole !

Un petit rimeur du jour,
  Dont tu fus l'idole,
Vint, pour nous chanter l'amour,
  Prendre la parole.
Son courage fut glacé

Par un bravo trôp forcé.
 Pauvre gaudriole,
  O gué !
 Pauvre gaudriole !

Un autre, plus aguerri,
 De temps en temps vole
Un beau morceau de Méry,
 Dont chacun raffole.
Quand il l'a bien retourné,
Sa muse lui rit au né...
 Pauvre gaudriole,
  O gué !
 Pauvre gaudriole !

L'huissier fait couplets grivois,
 Pour la gloriole ;
Entouré de ses exploits ;
 Il perd la boussole ;
Et met sur papier timbré,
Chaque vers qu'il a volé.
 Pauvre gaudriole,
  O gué !
 Pauvre gaudriole !

Ma chanson, qui n'a pas l'air
 D'une gaudriole,
Fut faite et mise sur l'air
 D'une gaudriole.
Son sujet est pris en l'air ;

Avouez, sans avoir l'air,
Que ma gaudriole
A l'air
D'une gaudriole !

JOLI MOIS DE MAI, QUAND REVIENDRAS-TU ?

RONDE NOUVELLE.

Air : *J'ai du bon tabac dans ma tabatière.*

Vive les lilas,
Vive Romainville,
Ce séjour tranquille
Est rempli d'appas.
Aussi, loin des regards jaloux,
Qu'Amour va faire de bons coups.

REFRAIN.

Joli mois de mai, quand reviendras-tu
Échauffer un peu l'amant morfondu ?

Dans le fond du bois
Fillette gentille,
Près d'un joyeux drille
File en tapinois.
A deux, vite on passe le temps,

Et l'herbe est si douce au printemps !
Joli mois de mai, quand reviendras-tu
Apporter des feuilles à ce bois touffu ?

  Quand un vin clairet,
  Couronnant la fête,
  Échauffe la tête
  Et rend guilleret,
 Dans les champs, prenant ses ébats,
 Maint tendron fait plus d'un faux pas.
Joli mois de mai, quand reviendras-tu
Souffler un vent frais sous plus d'un fichu ?

  Là, si les bosquets,
  Manquant à l'usage,
  Trouvaient un langage,
  Ah ! Dieu, quels caquets.
 Le gazon dirait aux échos :
 J'ai vu : nez, pieds, jambes et dos.
Joli mois de mai, quand reviendras-tu
Apporter aux champs leur tapis herbu ?

  La vie est, hélas !
  Un si court voyage
  Narguons sous l'ombrage
  Les maux d'ici-bas.
 Dieu fit pour les jeunes amants
 Les lilas, l'herbe et le printemps.
Joli mois de mai, quand reviendras-tu ?
La rosière attend son prix de vertu.

LES LUNETTES.

Air : *Une fille est un oiseau.*

A l'âge heureux des amours
J'avais gentille maîtresse ;
Maintenant dame vieillesse
Sur ses doigts compte mes jours,
Depuis que j'avance en âge,
De mes yeux je perds l'usage,
Il me semble qu'un nuage
En tous lieux obscurcit l'air.
Viennent de jeunes fillettes !
Je mets vite mes lunettes,
Pour y voir un peu plus clair.

Mon cœur, en fait d'amitié,
Eut un penchant dès l'enfance,
Et toujours sans défiance,
Pour elle fut de moitié.
Mais quand je sens dans le monde
Ma main pressée à la ronde
Par ceux dont l'esprit me fronde,
Et qui me disent : mon cher !
En vain ils font des courbettes ;
Je mets vite, etc.

Quand je suis dans un salon,
J'analyse les visages ;
J'y vois certains personnages
Voulant trancher du Caton ;
J'y vois des femmes fort belles
Qui se prétendent cruelles,
Et de vieilles demoiselles
Fuir l'amour comme l'enfer...
Parmi ces marionnettes,
Je mets vite, etc.

Un homme aux discours mielleux,
Fort élégant dans sa mise,
D'une nouvelle entreprise
M'offre une action ou deux.
Il me dit d'un air candide :
« Est-il rien de plus solide
» Et d'un succès plus rapide,
» Monsieur, qu'un chemin de fer !
» Ces actions sont parfaites... »
Je mets vite, etc.

De Racine et de Boileau
Je fais souvent ma lecture ;
Car, dans la littérature,
L'ancien vaut bien le nouveau.
Chez nos auteurs romantiques,
Plus ou moins amphigouriques,
Quelques beautés dramatiques
Jaillissent comme l'éclair ;

Avec ces fameux poètes,
Je mets vite, etc.

A notre grand Opéra,
J'admire de nos danseuses
Les poses voluptueuses,
Pieds mignons et cœtera.
Dieux ! avec quelle souplesse,
Sans qu'aucun écart les blesse,
On les voit lever sans cesse,
Leurs jambes couleur de chair
Or, pendant leurs pirouettes,
Je mets vite, etc.

S'il fallait dans un couvent,
Comme fit certaine abbesse
Découvrir avec adresse
Le sexe d'un vert-galant,
Je ferais ranger les nonnes
Et des petites friponnes,
Fort agréables personnes,
Mettant les charmes à l'air,
Je dirais à ces nonnettes :
Je mets vite, etc.

En chantant quelques couplets,
Afin d'exciter le rire,
De la gaîté qui m'inspire
Je veux aiguiser les traits ;
Mais hélas, si ma pensée

Est obscurément tracée,
Si sa pointe est émoussée,
Mon déboire est bien amer.
Quand je fais des chansonnettes,
J'ai beau mettre mes lunettes,
Je n'y vois jamais plus clair.

J. LAGARDE.

MOMUS EN COLÈRE.

Air : *C'est un lan la landerirette.*

Momus à la rouge trogne,
Hier, pâle de courroux,
M'a dit : « Enfants sans vergogne,
Quel métier fait-on chez vous ?
L'on a brisé ma musette !
Qui donc me réveillera
Par un lan la landerirette,
Par un lan la landerira ?

» Vous grimpez dans les nuages
Pour dépeindre votre ardeur,
Vous en faites des images

Dont l'amour bâille d'horreur.»
Pour séduire une grisette,
Quel refrain réussira ?...
C'est un lan la, etc.

» Le chant anacréontique
Vous paraît décolleté,
Et sur un air de cantique,
Vous chantez la volupté...
Mais toujours une coquette
En secret appréciera
Un gai lan la, etc.

» La chanson devient bégueule
Et pince du subjonctif ;
Mais Vadé, le riche en gueule
Était plus récréatif.
Piron chanta la goguette,
Et, pourtant, Piron resta,
Grâce aux lan la, etc.

» On châtre le vaudeville
En lui rognant ses couplets,
C'est un beau char inutile
Dont a coupé les *traits ;*
Ces traits de la chansonnette,
Qui donc les rattachera
Aux gais lan la, etc.

» On allait à la guinguette,
Et l'on mettait son honneur

A vider mainte cannette,
A remplir maint petit cœur.
On peut y perdre la tête !
Oui, mais Panard y trouva
Tous ses lan la, etc.

» On dansait sur la coudrette,
On chantait sous les ormeaux,
Les fleurs servaient de couchette
Et les branches de rideaux ;
Flore en gnognait en cachette..,
Mais Désaugiers l'apaisa,
Sur un lan la, etc.

» Du hochet de la folie
Chaque jour tombe un grelot,
Et dans des flots d'eau rougie
L'esprit se noira bientôt.
Couronnez votre burette
D'un vin pur et videz-la ;
Remplissez-la, landerirette,
Et la gaîté débordera ! »

ADRIEN DE COURCELLE.

LA LEÇON D'AMOUR.

Air : *Et par tes pleurs, mon cher, ébranle-la.*

Quoi ! tu te plains d'une rigueur extrême ?
Oui, si tu veux, ton destin changera,
Mon cher Edmond ; cesse d'être le même,
Et tu verras que Lise sourira.   (*bis*)

Balbutiant, tu sus parfois lui dire
Des mots charmants qu'amour seul t'inspira ;
Sans te troubler sache les reproduire,
Et tu verras que Lise sourira.

Ne tremble plus lorsque sa main jolie,
Sans le vouloir dans la tienne sera ;
Sois moins timide, Edmond, car c'est folie,
Et tu verras que Lise sourira.

Lorsque tes yeux sur les siens, d'un air tendre,
Se fixeront, son cœur palpitera,
Car c'est ainsi qu'Amour se fait entendre,
Oui, tu verras que Lise sourira.

Selon tes vœux, à son gentil corsage
Quand une fleur ta main attachera,
Prends un baiser pour prix de ton hommage,
Et tu verras que Lise sourira.

Si le hasard te fait trouver encore
L'heureux instant où ta main s'égare,

Sois plus hardi, même un la dévore,
Et tu verras que Lise sourira

Prends le chemin qui conduit à Cythère,
Dans le trajet Amour te guidera ;
Deviens surtout aimable et téméraire
Et tu verras que Lise sourira.

MORISSET.

LE RETOUR DU TROUBADOUR.

Un gentil troubadour,
Qui chante et fait la guerre,
Revenait chez son père,
Rêvant à son amour ;
Gages de sa valeur,
Suspendus en écharpe,
Son épée et sa harpe
Se croisaient sur son cœur.

Il rencontre en chemin
Pèlerine jolie,
Qui voyage et qui prie,
Un rosaire à la main ;
Collerette à longs plis
Ornait sa fine taille,
Un grand chapeau de paille
Couvrait son teint de lis.

O gentil troubadour,
Si tu reviens fidèle,
Chante un couplet pour celle
Qui bénit son retour.
Pardonne à mon refus,
Pèlerine jolie,
Sans avoir vu ma mie
Je ne chanterai plus.

Ne la revois-tu pas,
O troubadour fidèle !
Regarde bien : c'est elle,
Ouvre-lui donc tes bras.
Priant pour notre amour,
J'allais, en pèlerine,
A la vierge divine,
Demander ton retour.

Près de ces deux amants
S'élève une chapelle.
L'ermite qu'on appelle
Bénit leurs doux serments.
Allez en ce saint lieu,
Amants du voisinage,
Faire un pèlerinage
A la mère de Dieu.

    Musique de DALVIMARE.

LE CAPUCIN.

Air : *Un jeune troubadour.*

Un jeune capucin
Qui fornique et qui prie,
Allait passer sa vie
Dans un couvent lointain.
Gage de ses travaux,
Pendait sous sa tunique
Cette belle relique
Chère aux tendrons dévots.

Il rencontre en chemin
Fille jeunette, agile,
Qui portait à la ville
Un panier de raisin.
Son œil noir brillait fort
Sa jambe était bien fine,
Et sa gorge mutine
Eût fait revivre un mort.

Il l'accosta soudain,
En baissant la prunelle,
Et lui disant : « Ma belle,
Donnez-moi du raisin.
— Mon père, entendons-nous :
Donnez-moi pour salaire
Votre joli rosaire,
Mon raisin est à vous, »

Sans agir en hébreu,
Il le donna de suite ;
Il eût pour la petite,
Donné jusqu'à son Dieu...
Notre tendron malin
Lui refuse une grappe ;
Elle fuit, il la happe,
Et saisit son raisin.

Las du fruit défendu,
Bientôt notre saint drille
Dit : « Qu'un autre grapille,
J'ai bien assez mordu. »
Dans son tendre transport,
La belle dit au père :
« Reprenez ce rosaire,
Mais vendangez encor. »

J. Cabassol.

NINA LA MARINIÈRE.

De Sorrente à Mysène,
La mer Napolitaine
Ne connaît qu'une reine,
Jeune fille à l'œil noir !
De Mysène à Sorrente,
Je vogue plein d'espoir ;
Nina, Nina, ma charmante,
Zanetto t'attend ce soir.   (bis)

Quand sur la vague altière
Nina la marinière
S'élève vive et fière,
Alors il faut la voir ;
La nacelle indolente
S'éveille à son pouvoir ;
Nina, Nina, ma charmante,
Le ciel est d'azur ce soir.

A Portici, ma belle,
Déjà l'on nous appelle :
J'entends la saltarelle,
Eh ! vite à ton miroir !
Prends ta légère mante,
Coiffe le réseau noir ;
Nina, Nina, ma charmante
Je serai jaloux ce soir.

Tu me diras, mon âme,
Quelque refrain de femme
Cadencé par la rame,
Quelque chant du revoir ;
L'oiseau, quand ta voix chante,
Se tait de désespoir ;
Nina, Nina, ma charmante,
Ne viendras-tu pas ce soir ?

Déjà l'heure s'envole,
Mais dans la brise folle,
J'entends sa barcarolle ;
Oh ! comment t'en vouloir !
Ma barque impatiente
Accourt te recevoir ;
Nina, Nina, ma charmante,
Nous serons heureux ce soir.

UN AMOUR D'AUTREFOIS.

ROMANCE.

Air : *Il pleut bergère.*

Tant que la marguerite
Croîtra dans nos vallons,
Que cette fleur petite
Ornera nos gazons,
Tu seras, mon amie,
La reine de mon cœur,

Le charme de ma vie,
L'astre de mon bonheur.

Le matin quand l'aurore
Viendra verser ses pleurs,
Quand les amants de Flore
Caresseront nos fleurs,
Aux oiseaux du bocage,
Pendant ton doux sommeil,
J'irai sous le feuillage
Annoncer ton réveil.

Le jour dans la prairie,
J'irai graver ton nom
Sur l'écorce polie
Des hêtres du canton ;
Je le verrai paraître
A mes yeux chaque jour ;
Mais il ne pourra croître
Autant que mon amour.

Le soir, quittant la plaine,
Je dirai, tout surpris :
Le soleil me ramène,
N'est-il donc plus de nuits ?
Mais, non, c'est qu'il diffère
De quitter les beaux yeux
De la charmante Claire
Dont je suis amoureux.

Ed. Boulogne.

LE FRANC BUVEUR.

CHANSON DE TABLE,

Air de *Calpigi*.

Parmi nous le plaisir aimable
Joyeusement se met à table;
Il nous enivre, c'est ici
Que Momus nargue le souci.
Vidons mainte fois la bouteille
Redoublons, et faisons merveille,
L'heureux Bacchus nous met en train.
Verse à boire, ami, verse plein.

Honneur à la méthode ancienne.
Dieu veuille qu'elle nous revienne;
On avait bien mieux qu'aujourd'hui
Le talent de chasser l'ennui.
Trinquons, faisons tinter nos verres.
Doux carillon de nos vieux pères,
Que l'écho répète au lointain :
Verse à boire, ami, verse plein.

Contre l'humeur mélancolique
Suivons l'hygiène bachique;
Viens donc, baume consolateur,
Inonde-moi de ta vapeur.
Lorsque dans le vin je me noie,

Mon cœur surnage plein de joie,
D'un buveur c'est l'heureux destin ;
Verse à boire, ami, verse plein.

Amour qui charme aussi la vie
Y mêle un peu de perfidie
Dont l'homme n'est bien consolé
Que par le fils de Sémélé ;
Après avoir fêté Cythère,
Revenons donc à notre verre,
Lui seul sait bannir le chagrin ;
Verse à boire, ami, verse plein.

Bacchus à Cupidon peut nuire ;
De tous côtés on l'entend dire,
Et l'Olympe retentit fort
De grand bruit que fait ce discord.
Ma foi, si tous deux sont en guerre,
Que nous importe cette affaire ?
Pour en rire le verre en main,
Verse à boire, ami, verse plein.

Parfois, peut-être, il en arrive,
Que flamme d'amour est moins vive ;
Mais le vin en un tel malheur
Est un bien doux consolateur,
Si donc aux autels d'Amathonte
D'un revers nous avons la honte,
Buvons à flots le chambertin,
Verse à boire, ami, verse plein.

Au sein d'une joyeuse fête,
Quand l'aï pétille en ma tête,

J'oublie, en marchant de travers,
Les bons succès et les revers.
Gloire, grandeur, beauté, richesse,
Peu de chose en vous m'intéresse ;
J'aime bien mieux un bon festin ;
Verse à boire, ami, verse plein.

Du reste, je suis bon apôtre,
Ma morale en vaut bien une autre ;
Sans m'éblouir, l'illusion
Flatte en vain mon ambition.
Qu'on me chagrine, qu'on m'abuse,
Sans trop de colère j'excuse,
Tout franc buveur est sans venin.
Verse à boire, ami, verse plein.

Grâce à mes chères habitudes,
Je vis exempt d'inquiétudes ;
Le soir je m'endors doucement,
Dès l'aurore je suis content.
On dit le bonheur illusoire,
Je ne sais ce qu'il en faut croire ;
Moi, je le trouve en mon refrain :
Verse à boire, ami, verse plein.

LE CANOT.

PARTIE FAITE SUR L'EAU.

Air : *Amis, la matinée est belle.*

Joyeux viveurs, l'onde est tranquille,
Le soleil dore l'horizon ;

Montons sur le canot agi'e,
Que chacun prenne un aviron
De l'ensemble!... allons, du courage!
  Contre le courant
Nous saurons avoir l'avantage,
  Malgré voile et vent.
Gagnons, ramons, gagnons toujours avant! (bis)

 Au terme de notre voyage,
 Un festin tout prêt nous attend,
 Pour ranimer notre courage;
 Ramons! et nous boirons d'autant.
 Des plus vieux fûts, en abondance,
  Nous aurons le choix;
 Mais, il nous faudra, par prudence,
  Borner nos exploits,
Pour qu'en marchant nous puissons rester droits.

 La nuit, à la hâte s'avance,
 Gais viveurs, il faut repartir;
 Appareillons en diligence;
 Pour aujourd'hui trêve au plaisir.
 Mais avant de quitter la rive,
  Tous, silence, à bord
 Le péril est en perspective;
  Au large!... et d'accord,
Ramons!... enfin, nous touchons à bon port!
    JULIEN MAZABRAUD (DE SOLIGNAC).

IL FAUT AIMER.

Air du hussard de Felsheim.

Il faut aimer ; moi, j'aime avec ivresse.
J'aime le jeu, le bal et le festin ;
J'aime l'amour, les plaisirs, la paresse ;
Ne pas aimer, c'est le pire destin.

J'aime l'amour, — il rend l'âme si bonne !
Comme l'a dit notre vieux Béranger
J'aime l'amour, car le plaisir qu'on donne,
C'est un bonheur que l'on peut partager.

Il faut aimer, bien aimer sa maîtresse,
L'aimer plus fort, pour l'aimer plus longtemps ;
Pendant huit jours on nage dans l'ivresse ;
L'éternité finit après ce temps.

Il faut encore aimer sa tendre femme
De par la loi, nous devons la chérir,
Si le destin l'arrache à notre flamme,
Il faut aimer, surtout... son souvenir.

Aimons celui dont l'amitié fidèle
Vient partager nos plaisirs en commun,
Notre dîner, ainsi que notre belle,
Et votre habit, quand nous n'en avons qu'un.

Il faut aimer les jours que Dieu nous compte,
Mais sans trembler voir arriver sa fin ;
J'aime aujourd'hui, c'est toujours un à-compte,
Je ne sais pas si j'y serai demain.

Et cependant je déteste... un mémoire,
De mon dîner, je hais l'addition ;
Je hais Clichy, les huissiers, leur grimoire,
Une coquette, une indigestion...

Je hais encor la plaintive élégie,
Je hais surtout la funèbre oraison,
J'aime bien mieux, dans une folle orgie,
L'amour qui chante au glouglou d'un flacon...

Il faut aimer ; moi, j'aime avec ivresse,
J'aime le jeu, le bal et le festin ;
J'aime l'amour, les plaisirs, la paresse ;
Ne pas aimer, c'est le pire destin.

ADRIEN DECOURCELLE.

LA FEMME AIMÉE.

ROMANCE.

Air : *J'ai père et mère en France* (d'André le Chansonnier.)

Vous partez donc, Marie,
Et quelqu'un pleurera ;
Pâle de rêverie,
Quelqu'un m'en parlera ;

Si vous mourez en route,
Fantôme gracieux,
Quelqu'un mourra sans doute
Pour vous revoir aux cieux !

Avec votre couronne,
Vos printemps alentour,
Lorsqu'on vous environne,
Parlant trop haut d'amour,
De ce bruit détournée,
Revenez sans remord,
Au seul, qui, détrônée,
Vous suivrait dans la mort !

Lorsqu'à travers l'absence,
Quelqu'un cherche après nous,
C'est sentir la présence,
D'une âme à nos genoux ;
On peut dire : *Je t'aime !*
En étendant sa main,
Sûre que ce mot même
Nous répond en chemin.

Sans que personne pleure,
Moi, je peux m'en aller ;
Sans qu'un atôme meure,
Mon sort peut s'exhaler ;
Sans que rien me réponde
Moi, je peux dire *adieu !*
Marie !... et, seule au m[onde]
Je marche seule à Dieu.

LA MARCHANDISE A TOUT PRIX.

Air : *On dit que je suis sans malice.*

En quittant les pensum classiques,
Je croyais aux vertus civiques,
Aux Aristide, aux Cicéron,
Aux Bayard, même aux Fénelon ;
Plus tard, sans masque ayant vu l'homme,
Je m'écriai : dans ceux qu'on nomme
Bons, sages, justes, beaux-esprits,
Y'a d' la marchandise à tout prix. (bis)

Non (s'écriait l'autre semaine)
Un trafiqueur de chair humaine),
Vous n'aurez pas mon remplaçant,
Votre prix n'est pas suffisant ;
Regardez-donc son encolure,
Sa santé, sa mâle figure,
Il est grand, robuste et bien pris :
Y'a d' la marchandise à tout prix.

Quoi ! disait un milord novice,
Epris des charmes d'une actrice,
Mille écus un jour de bonheur !
C'est vendre par trop cher ton cœur.
Non, non, réplique la Syrène,
Mylord, sur la lyrique scène,

Parmi les Nymphes de Cypris,
Y'a d' la marchandise à tout prix.

Chez un vénal folliculaire,
Combien, demandait Sainte-Aulaire,
Vendez-vous de votre journal,
Dix lignes de bien ou de mal ?
Monsieur, répond l'homme de paille,
Pour chaque bourse l'on travaille,
Et, dans nos immortels écrits,
Y'a d' la marchandise à tout prix.

N'espérez pas pour cette somme
Pouvoir séduire un honnête homme,
S'écriait un noble électeur
A certain agent corrupteur ;
J'ai des mœurs, de la conscience,
De l'honneur et de la naissance ;
Pour un *vilain* m'avez-vous pris ?
Y'a d' la marchandise à tout prix ?

SI VOUS M'AIMEZ.

Air : *Si vous m'aimez.*

« Si vous m'aimez,
» O ma bonne Amélie !
» Permettez-moi, dans ma sincère ardeur,
» De caresser votre main si jolie,
» De la presser doucement sur mon cœur ;
» Vous ne pouvez refuser, mon amie,
» Si vous m'aimez ! »

« Si vous m'aimez,
» Accordez autre chose :
» Une faveur en fait désirer deux ;
» Laissez-moi donc, sur vos lèvres de rose,
» Prendre un baiser, vous me rendrez heureux !
» A mon bonheur qu'ici rien ne s'oppose,
» Si vous m'aimez. »

« Si vous m'aimez
» Comme je vous adore,
» Loin des regards des Argus, des jaloux,
» Je voudrais bien, d'un bonheur que j'ignore,
» Hâter l'instant dans un doux rendez-vous ;
» Vous ne pouvez me refuser encore,
» Si vous m'aimez. »

« Si vous m'aimez,
» Dit à son tour la belle,
» Laissez au temps accueillir votre amour,
» Un tendre cœur montre-t-il tant de zèle
» Pour obtenir qu'on l'aime en un seul jour ?
» Attendez donc, et soyez-moi fidèle,
» Si vous m'aimez. »

J. CABASSOT.

AUX INVALIDES.

Air : *Et voilà comme tout s'arrange.*

Lorsqu'on a vu fuir les beaux jours,
Où l'homme avec succès caresse
Vieux flacons et jeunes amours,
Refrains joyeux et douce ivresse ;
D'enrayer il devient urgent,
Les ressorts ne sont plus solides :
Pour peu qu'à ce monde exigeant
On ait fourni son contingent,
Il faut prendre ses invalides.

Près du sexe que le désir
Survive aux forces nécessaires,
Le charme que l'on croit saisir,
Échappe à des sens éphémères.
Pourquoi, débile séducteur,
Cacher son front chauve et ses rides ?

C'est fini; lorsque du bonheur
Fléchit le principal moteur,
Il faut prendre ses invalides.

Éprouver un plaisir divin
Devant les bouteilles pressées,
Et sous l'influence du vin
Trouver de riantes pensées;
C'est vivre; mais voir déboucher
Les meilleurs flacons de liquides,
Lorsqu'on ne saurait y toucher
Sans divaguer et trébucher,
Il faut prendre ses invalides.

Pour le progrès et pour les lois
Que la jeune France s'agite;
S'il faut combattre pour nos droits,
Son bras peut s'armer au plus vite;
Mais, vieux patriote éreinté,
Remontant aux sansculottides,
Qui nous montres ensanglanté
Le bonnet de la liberté;
Il faut prendre ses invalides.

Adèle, quand le velouté
Brillait sur ta joue enfantine,
Tout respirait la volupté
Dans ton humeur vive et badine.
Tu découvres les charmes nus,
Mais à tes œillades perfides,
Maintenant appels superflus,

Les amants ne répondent plus ;
Il faut prendre ses invalides.

Faiseurs de bouquets à Chloris,
De madrigaux et d'acrostiches,
Vos vœux à l'Amour, à Cypris,
Ornent déjà trop d'hémistiches.
Auteurs de drames à forfaits,
Assez de morts, de suicides,
De noirs poisons et de stylets,
De bâillements ou de sifflets :
Il faut prendre ses invalides.

Mes bons amis, c'est un grand mal,
La souffrance peut rendre buse ;
Du viveur jadis jovial,
La gaîté meurt et l'esprit s'use ;
Pour chanter sa verve est à bout,
Les sujets, pour lui, sont arides,
L'idée est rétive, et surtout
La rime ne vient pas du tout :
Il faut prendre ses invalides.

BORDET

LES GRANDS ET LES PETITS,

CHANSONNETTE.

Musique de M. H. Baumès Arnaud.

Viens, Suzon, que je t'apprenne,
Ce que fait en son château,
Notre noble suzeraine,
Portant couronne et manteau.
Asseyons-nous, je commence,
Écoute bien, tu vas voir,
Quelle différence immense
De la chaumière au manoir...
Ah ! vois-tu, les usages des grands,
De ceux de nos villages sont différents,
De ceux de nos villages sont bien différents.

Si pour nous le ciel se dore,
Dès que l'aube a resplendi,
Pour elle, jamais l'aurore
Ne se montre qu'à midi.
Au miroir elle se pose
Toute pâle, sur ma foi ;
Puis elle en sort toute rose,
Mais bien moins fraîche que toi...
Ah ! vois-tu, etc.

Et le dimanche, à la messe,
Qu'elle entend au maître autel,
Non, jamais notre comtesse
N'a les yeux sur son missel.
N'agissant point à l'église
Humblement, ainsi que nous,
Toujours elle prie assise,
Quand nous prions à genoux...
Ah ! vois-tu, etc.

Quand l'été, simple vassale,
Tu vas danser en plein air,
Elle danse en sa grand' salle,
Au mois d'août, comme en hiver.
Dam ! il faut voir sa démarche,
La noblesse de ses pas ;
Il est bien vrai qu'elle marche ;
Mais elle ne danse pas.
Ah ! vois-tu, etc.

LE SAVANT ET LE SAGE.

Air : *Du carnaval* (de Béranger).

Vidons d'un trait notre coupe remplie,
A pleine voix chantons, soyons joyeux ;
Ne jetons pas la pierre à la folie ;
Pour être sage en est-on plus heureux ?
Rêve riant qui charme et nous abuse,
L'illusion stimule le désir.
Oui, le plus sage est celui qui s'amuse,
Le plus savant, celui qui sait jouir.

Pour oublier une ingrate maîtresse,
Cherchons ailleurs de nouvelles amours ;
Nos vains regrets, nos pleurs, notre tristesse
Ne nous rendraient aucun de nos beaux jours.
Vieux et railleur, le temps nous désabuse ;
Ne soyons donc fidèles qu'au plaisir.
  Oui, le plus sage, etc.

J'ai pénétré, mon Dieu, dans cette enceinte
Où la science analyse la loi ;
Mais, égaré dans l'obscur labyrinthe,
Un doute affreux a dévoré ma foi.
D'un fil d'espoir qui se casse, qui s'use,
Je cherche en vain le reste pour sortir.
  Oui, le plus sage, etc.

Des potentats que nous font les querelles ?
Ah ! laissons-les se déchirer entre eux.
Dans leurs débats, dans leurs folies cruelles,
Ne soyons plus de stupides enjeux.
Pour compenser les droits qu'on nous refuse,
Tâchons au moins de nous appartenir.
  Oui, le plus sage, etc.

L'amour de l'ordre et la philanthropie
Presque toujours sont payés par la mort.
Socrate, hélas ! condamné comme impie,
Par le poison voit terminer son sort.
Jésus, enfin, que le méchant accuse,
Sur une croix, jeune encor vient périr.
  Oui, le plus sage, etc.

Un vain laurier que l'envie empoisonne,
Traîne après soi les chagrins et l'ennui ;
Ce que jamais un sot ne nous pardonne
C'est de ne pas être sot comme lui.
Pauvres rimeurs, délaissons notre muse,
Son chant si doux nous ferait trop haïr !
Oui, le plus sage est celui qui s'amuse,
Le plus savant, celui qui sait jouir.

LA CHANSON.

Air : Ça n' se peut pas.

Pour chasser les ennuis, la peine,
Il n'est rien tel qu'un gai refrain.
On le trouve dans l'Hippocrène ;
Mon Hippocrène, c'est le vin.
Mes amis, voulez-vous m'en croire ?
Pour prouver qu'on est un luron,
Il faut joindre au plaisir de boire
    Une chanson.   (4 fois

Une chanson a du mérite
Lorsqu'elle remplit nos désirs ;
C'est la chanson qui nous invite
A goûter gaîment les plaisirs.
Une chanson sait mieux nous plaire
Qu'un mélodrame sans raison ;
Aux pantomimes je préfère
    Une chanson.

En combattant pour sa patrie,
Le Français chante, il est vainqueur ;
Un poltron craint-il pour sa vie,
Il chante, et brave ainsi la peur.
Si quelque docte compagnie
Me fait bâiller dans un salon,
Vite j'appelle la folie
    Et la chanson.

Orphée adorait Eurydice ;
Mais bientôt, déplorant sa mort,
Pluton, dit-il, sois-moi propice,
Rends-moi l'arbitre de mon sort.
A sa voix tout le sombre empire
Devient muet d'attention :
Il n'avait pourtant que sa lyre
    Et sa chanson.

Le héros verrait-il sa gloire
Parcourir ce vaste univers,
Si le poëte à sa mémoire
Ne créait des chants et des vers ?
Conquérants, qui vous déifie,
Qui vous élève au Panthéon ?
C'est moins Clio que Polymnie
    Et la chanson.

Tout meurt et disparaît sur terre,
Rois, héros, sages et savants,
Et leur souvenir éphémère

S'efface sous la faux du temps,
Comme on voit du divin Homère
D'âge en âge briller le nom,
Anacréon reste le père
De la chanson.

LISETTE AU BOIS.

Air : *Pauvre Jeannette.*

Jeune Lisette
Avait des appas,
Larirette.
Tendre et simplette,
Elle aimait Lucas.
Lucas habile,
Connaissait l'amour,
Et de la ville
Était de retour.

Jeune Lisette,
Après ses travaux,
Larirette.

Sous la coudrette
Cherchait le repos.
La chansonnette
Anime sa voix,
Et l'indiscrète
Entre dans le bois.

Jeune Lisette
Fuis ce bois épais,
Larirette.
Amour te guette
Et tend ses filets !
Dans cette affaire
Que faisait Lucas ?
Avec mystère
Il suivait ses pas.

Jeune Lisette
Le voit. Elle a peur,
Larirette.
Mais la pauvrette
Sent battre son cœur.
Lucas supplie !
Comment refuser ?
Bouche jolie,
Reçoit doux baiser.

Jeune Lisette
Suit l'heureux berger.

Larirette.
Cœur de fillette
Craint-il le danger ?
De l'innocence
Amour prend la fleur,
Quelle imprudence !
Lucas est vainqueur.

Jeune Lisette
Pleure son erreur.
Larirette
Elle regrette
Lucas le trompeur.
Sachez, fillettes,
Qu'Amour est sournois ;
Jamais seulettes
N'entrez dans le bois.

ENIVRONS-NOUS.

Air : *Un baiser de celle qui ne m'a jamais donné rien.*

En pleurant sur votre infortune,
Moi qui vis sans aucun souci

Braves gens, dans votre commune,
Pourquoi vouloir me plaindre aussi ?
De mon sort je me glorifie,
Et pourtant je suis comme vous,
Rions et de philosophie
    Enivrons-nous. (bis)

Pour ranimer votre courage,
Et reprendre votre gaîté,
Venez voir, enfants du village,
Près d'un arbre une déité ;
Ce n'est point un arbre où sur terre
Meurt celui qui s'endort dessous,
Son fruit est doux et salutaire :
    Enivrons-nous.

Il faut voir, à la table ronde,
Prendre un bon repas quelquefois,
Paul jure, lui qui, dans ce monde
En fait, au moins, cent vingt par
Ces mets dont chaque plat m'arra
Ont rendu tous les gueux jaloux
Mais ce n'est pas son bien qu'on
    Enivrons-nous.

Chasseurs qui, sans craindre
Avez voyagé chez Cypris,
Malgré votre plomb, votre
Je vois que vous n'avez rien
Ah! votre sort me désespère.

Quoi ! n'avoir pu tirer deux coups ;
Mais, chasseur, j'aperçois Glycère,
    Enivrons-nous.

A Dieu j'aime qu'on rende hommage,
Bonnes gens, je connais vos cœurs
Mais je hais qu'à certaine image
On offre mille et mille fleurs ;
Ces fleurs qui parent nos prairies
Brillent pour moi comme pour vous,
Avant qu'elles ne soient flétries,
    Enivrons-nous.

MES CHEVEUX BLANCS.

Air : *Ah ! plus, Amour, tu nous causes de larmes.*

Sexe charmant qui cause mes délices,
Il me faudra bientôt te délaisser,
Du temps, hélas ! j'éprouve les caprices,
Mon pauvre cœur commence à se glacer.
D'un philtre enfin j'ai goûté quelques doses,
Pour raffermir mes membres chancelants ;
Jeunes amours, couronnez-moi de roses,
Pour mieux cacher mes nombreux cheveux blancs.

Dans les ébats d'une lutte amoureuse,
Combien de fois je fus tendre et vainqueur
En succombant Lisette était heureuse ;
Sa voix mourante appelait le bonheur.

Parmi les fleurs depuis longtemps écloses,
Pour que je croie encore à mes vingt ans,
Jeunes amours, couronnez-moi de roses,
Pour mieux cacher mes nombreux cheveux blancs.

Amants aimés, dans la douce carrière,
Avec vigueur vous courez moissonner,
Quand moi chétif et valétudinaire,
Modestement je ne puis que glaner.
Sexe adoré, sans le vouloir tu causes,
Dans mon foyer des maux et des tourments :
Jeunes amours, couronnez-moi de roses ;
Pour mieux cacher mes nombreux cheveux blancs.

Si de bons vins je me montrais avide,
La coupe en main sans craindre l'avenir,
J'osais puiser sur une bouche humide
La volupté compagne du plaisir.
Avec dessein, Dieu ! que j'ai vu de choses,
Quand sur l'autel je brûlais mon encens...
Jeunes amours, couronnez-moi de roses,
Pour mieux cacher mes nombreux cheveux blancs.

Lorsque j'étais resplendissant de gloire,
Dans les boudoirs toujours j'avais accès ;
La renommée augmentait ma victoire,
En m'enivrant de baisers, de succès.
Mais, froid vieillard, avant que tu disposes,
Sans nul regret, de mes derniers instants,
Jeunes amours, couronnez-moi de roses,
Pour mieux cacher mes nombreux cheveux blancs.

FOLIGUET aîné.

LE TESTAMENT.

Air : *Des Trembleurs.*

Il est mort Paul l'imbécile ;
Dès qu'on le sait à la ville,
On voit venir à la file
Des gens de tous les métiers ;
Et sans peine l'on décide,
D'après leur regard avide
Et leur démarche rapide,
Que ce sont des héritiers.

Le cousin et la cousine,
Le filleul et la voisine,
Le confesseur, la béguine,
Prennent le même chemin.
L'un a de belles promesses,
L'autre vient offrir des messes,
Tous espèrent des largesses
Et déjà tendent la main.

En approchant de la porte
La douleur devient plus forte :
Grand Dieu ! mourir de la sorte,
Lui si gros, si bien portant ;
C'était bien le plus brave homme
Qui fût de Paris à Rome.
Il m'aimait !... ce coup m'assomme,
Je dois hériter pourtant.

Vite, on cherche le notaire
Dont l'important ministère
Va découvrir le mystère,
Objet du rassemblement.
A pas comptés il arrive,
Et sa voix impérative,
A l'assemblée attentive
Fait ouïr le testament.

Ciel ! quel scandale, quel crime,
Ce cafard, ce cacochyme,
Laisse un fils illégitime
Qui vient seul pour la moitié.
Mille écus vont au vicaire,
Son parasite ordinaire,
Le reste à la chambrière,
Pour prix de son amitié.

La cousine devient blême ;
Du filleul la rage extrême
Laisse échapper un blasphème
Contre le destin jaloux.
Le confesseur se récrie,
La béguine est ahurie,
Et la voisine en furie
Va quereller son époux.

Ceux qui partagent la proie
Ont peine à cacher leur joie.
Mais d'autant plus se déploie
Leur affliction d'emprunt ;
Quand ceux que l'on congédie,

Vrais pantins de comédie,
Chantent la palinodie
Des éloges du défunt.

Cependant le statuaire,
Grave en style lapidaire,
Sur la pierre tumulaire
Du mort l'éloge obligeant ;
Et, fidèle à sa consigne,
Il accorde, à tant la ligne,
Au fripon le plus insigne,
Des vertus pour son argent.

●●●●●●●●●●●●●●●●●●●●●●●●●●●●●●●●

ALLEZ VERS L'ÉTERNEL !

CHANSON.

Air : *A la grâce de Dieu.* (Loïsa Puget.)

Pauvre ouvrier, quand l'âge arrive,
Plus de labeurs et plus de pain,
Ta main flétrie est inactive,
A ton foyer s'assied la faim.
Nos mauvais riches, dans leurs fêtes,
Se gorgent d'abondants repas ;
Viens-tu pour ramasser les miettes ?
Pour toi leur table n'en a pas.
   Va-t'en vers l'Éternel,
   On n'a pas faim au ciel !

Malheureux fils de la Vistule,
Secouant un joug détesté,
Tu n'as vu que le crépuscule
Du beau jour de la liberté !
Quoiqu'à ton espoir infidèles,
Vers nous tes regards vont encor ;
De ton aigle on coupa les ailes ;
Peux-tu compter sur son essor ?
    Va-t'en vers l'Éternel,
    On n'est libre qu'au ciel !

Toi, jeune fille abandonnée,
Riche d'attraits, pauvre d'honneur,
Fraîche rose en un jour fanée
Sous les baisers d'un séducteur ;
Tu croyais, en livrant tes charmes,
Qu'un amour ne pouvait finir ;
Tu n'as récolté que des larmes
Au lieu des moissons de plaisir.
    Va-t'en vers l'Éternel,
    On n'aime plus qu'au ciel.

O toi qu'un sort fatal convie
Au banquet de l'affliction ;
A chaque phase de la vie
Toi qui perds une illusion :
A tes yeux tout se décolore,
Tout est chagrin, tout est malheur !
L'espoir n'est plus qu'un mot sonore,
Sans écho dans ton propre cœur.
    Va-t'en vers l'Éternel,
    On n'est heureux qu'au ciel.

Justin Cabassol.

IL NE FAUT PAS DIRE : FONTAINE, JE NE BOIRAI PAS DE TON EAU !

Air : Vaudeville *du Code et l'amour.*

Jean disait : « La femme est trompeuse,
Fuyons ses dangereux attraits :
Pour mener une vie heureuse,
Non, non, je n'aimerai jamais ! »
Le lendemain, la jeune Hélène
Sur ses yeux remet le bandeau...
Il ne faut pas dire : Fontaine,
Je ne boirai pas de ton eau !

Paul disait : « Le vin, sur la terre,
Cause parfois d'affreux forfaits ;
Si j'en bois, je n'en boirai guère :
Je ne me griserai jamais. »
Au cabaret quelqu'un l'entraîne :
Il s'enivre de vin nouveau...
Il ne faut pas dire : Fontaine,
Je ne boirai pas de ton eau.

Roch disait : « Une chansonnette
Cause souvent plus d'un procès ;
Bon Panard, j'aurais ta musette
Que je ne chanterais jamais. »
Dès le soir même, à perdre haleine,
Il chansonna tout le barreau...
Il ne faut pas dire : Fontaine,
Je ne boirai pas de ton eau.

J. BLONDEAU.

PARTONS ET RESTONS,

Air : *Ton, ton, tontaine, ton, ton.*

Là-bas on chante à perdre haleine
Sur tous les airs, sur tous les tons,
   Partons, mes amis, partons.
Ici l'amitié nous enchaîne,
Puisqu'ensemble nous la goûtons,
   Restons, mes amis, restons.

Là-bas la grandeur souveraine
Voyage en riches phaétons,
   Partons, etc.
Ici, sans chrgrin et sans gêne,
Nous accourons joyeux piétons.
   Restons, etc.

Là-bas, dans cette auberge pleine,
On fait d'excellents mirontons,
   Partons, etc.
Pour arrondir notre bedaine,
Ici sont de vrais marmitons,
   Restons, etc.

Petit vin qu'on nomme Surène,
Est en usage en ces cantons,

Partons, etc.
Ici, pour remplir notre veine,
Sont des vins que mieux nous goûtons,
Restons, etc.

Là-bas, on prend à Madeleine
Des baisers que nous souhaitons,
Partons, etc.
Ici, de l'aimable Climène
On fait mieux, on prend les t...
Restons, etc.

Là-bas, nos auteurs par douzaine,
Sont conduits comme des moutons,
Partons, etc.
Ici notre gloire est moins vaine,
Les conducteurs sont des gloutons,
Restons, etc.

LES AMOURS INCONSTANTS.

Air : *De la fuite de l'Amour.*

Y pensez-vous quand il vous plaît à dire
Que vos amours déjà sont envolés,
Je n'en crois rien, cela me fait sourire.
Non, vos beaux jours ne sont point écoulés.
Votre gaîté, vos yeux riants, vos charmes,
De votre vie attestent le printemps ;
Plus d'un amour vous destine ses armes,
Et cependant ces dieux sont inconstants. (bis)

Sur tous vos traits respire la jeunesse ;
Oui, votre front du lis a la blancheur ;
Sur chaque joue on admire sans cesse
Le teint vermeil d'une naissante fleur.
Ah ! si l'hymen vous fait couler des larmes,
A l'oubli seul consacrez ses instants.
Plus d'un amour vous destine ses armes,
Et cependant ces dieux sont inconstants.

Profitez bien du printemps de votre âge,
Et des beaux jours que peut offrir l'été.
Quant à l'automne, il a quelque nuage
Qui d'un beau jour peut voiler la clarté.
L'hiver survient ; adieu, douces alarmes,
Neiges, frimats, rendent nos cheveux blancs ;
Quand vient ce temps, on ne craint plus leurs armes
Si les amours sont des dieux inconstants.

OU VAS-TU ?

Air : *N'insultez pas ce qui n'est plus.*

Dans ce bas-monde où le destin le jette,
   Vers le bonheur portant ses vœux,
L'homme toujours s'agite, s'inquiète,
   Et jamais ne se trouve heureux.
Chaque sentier qui mène à la fortune,
   Par lui, chaque jour, est battu ;
Nouveau désir survient et l'importune.
   Où vas-tu, mortel, où vas-tu ?

De l'existence il prend la coupe amère,
    Hélas ! pour sentir la douleur ;
Ses cris aigus et les pleurs de sa mère
    N'annoncent-ils pas son malheur ?
Mais au néant créature ravie,
    Déjà son sort est résolu,
Il a franchi les portes de la vie.
    Où vas-tu, mortel, où vas-tu ?

Il est un âge où l'incarnat des roses
    Colore un trompeur avenir,
Où, sous nos pas, mille fleurs sont écloses,
    Où brillent fraîcheur et plaisir...
Il était là, ce bonheur que l'on vante ;
    Enfant, tu ne l'as point connu ;
Dans l'avenir tu portes ton attente...
    Où vas-tu, mortel, où vas-tu ?

Tout rayonnant d'espoir et d'allégresse,
    Et par la chimère conduit,
Aux bords lointains tu poursuis la richesse,
    Mais le noir chagrin t'y poursuit...
Pourquoi quitter une famille en larmes,
    Un toit qu'habite la vertu ?
Si ton berceau pour toi n'a plus de charmes,
    Où vas-tu, mortel, où vas-tu ?

Quand tu connais la chute des empires,
    De la tienne oses-tu douter ?
Contre toi-même, insensé, tu conspires,
    Et debout tu penses rester !...

Que je te plains si des honneurs du monde
 L'ambition t'a revêtu !
Sur une mer en naufrages féconde,
 Où vas-tu, mortel, où vas-tu ?

Comme un rameau sous les coups de l'orage
 Se brise et ne reverdit plus,
L'homme, rongé par les maux ou par l'âge,
 Du sol des vivants est exclus.
Quoiqu'à regret sortant de cette vie,
 Sous la faux du temps abattu,
Il fait des vœux pour une autre patrie...
 Où vas-tu, mortel, où vas-tu ?

FOUETTEZ FORT.

Air : *Bonjour mon ami Vincent.*

J'ai pris de nos perroquets
Et mon sujet et ma rime;
Si j'imite leurs caquets
 Ne m'en faites point un crime,
Trop souvent on se dit tout bas,
C'est un médisant, ne l'écoutez pas.
C'est ainsi qu'un nigaud s'exprime.
Chantez mon refrain à cet esprit fort :
 Fouettez ces gens-là,
 Fouettez, fouettez fort.

D'un oncle, après le décès,
  J'eus tous les biens en partage,
  Bientôt un maudit procès
  Dévora mon héritage ;
Avocats, huissiers, parents, procureurs,
Que le diable soit de tous les plaideurs,
Ils en auraient pris davantage,
S'ils avaient fouillé dans mon coffre-fort.
  Fouettez ces gens-là,
  Fouettez, fouettez fort.

  Commerçants, sur Jésus-Christ,
  Vous qui vendez vos prières,
  Vous nous jugez sans esprit,
  Dans tous vos discours, mes frères ;
Nous n'avons plus foi dans vos plats sermons
Nous connaissons trop dieux, saints et démon
Laissez là vos doctes mystères,
Où l'on vous dira d'un commun accord :
  Fouettez ces gens-là,
  Fouettez, fouettez fort.

  Cagots débiteurs de vin,
  Qui soutenez le baptême,
  Pourquoi mouiller le raisin ?
  Ce n'est point un bon système ;
Mais vous persistez encore, je crois,
A mettre de l'eau dans ce que je bois ?
Francs buveurs, lancez l'anathème,
Vous donnez de l'eau, c'est donner la mort ;
  Fouettez ces gens-là,
  Fouettez, fouettez fort.

Chantez, chantez nos guerriers,
Les chants plaisent à la gloire,
Et ravivez les lauriers
Flétris au bord de la Loire,
Mais si vous trouvez quelque sot railleur,
Croyant de nos preux ternir la valeur,
Et voulant, pour tromper l'histoire,
Les assimiler aux peuples du Nord :
    Fouettez ces gens-là,
    Fouettez, fouettez fort.

Dusacq.

CHANSON DES HOMMES COMPLAISANTS.

Air de la Normandie.

Pourquoi, quand on est si jolie,
Refuser hommage d'amour ?
Pourquoi de cette fantaisie
Nourrir votre esprit un seul jour ?
Pourquoi, mettant vos soins à plaire
Trouverait-on à vous blâmer ?
Pourquoi serions-nous sur la terre (bis)
Si ce n'était pas pour aimer ? (bis)

Pourquoi vous montrer si rebelle,
Quand vous avez un si bon cœur ?
Et pourquoi faire la cruelle,
Quand chez vous l'amour est vainqueur ?
Pourquoi, mettant vos soins à plaire,
Trouverait-on à vous blâmer ?
Pourquoi serions-nous sur la terre,
Si ce n'était pas pour aimer ?

Pourquoi passer dans la tristesse
Des jours destinés au plaisir ?
Pourquoi le temps de la jeunesse
Passerait-il sans le saisir ?
Pourquoi, mettant vos soins à plaire,
Trouverait-on à vous blâmer ?
Pourquoi serions-nous sur la terre,
Si ce n'était pas pour aimer ?

CHANSON SUR LA FOIRE.

Air de la Croix d'or.

Venez en assurance,
Garçons de tous pays,
On rit, on chante, on danse
Dans la foire aujourd'hui,

Venez, jeunes fillettes,
Venez, tendrons charmants ;
Venez fair' vos emplettes,
Vous verrez d' ces marchands
De la bijouterie
Qui éblouit les yeux,
Voiles, percales et soieries
Qui vous plairont au mieux.
   Venez, etc.

Vous verrez dans la foire
Sauteurs, danseurs, chanteurs
Et puis pour vous distraire,
Manége, escamoteurs,
Les uns font les grimaces,
Les autres font les fous ;
Et chacun à sa place,
Vous amuse partout.
   Venez, etc.

Julie, Sophie, Victoire,
Écoutez mon avis ;
Donnez la part de foire
A tous vos amis.
Garçons, à vos maîtresses
Montrez-vous généreux,
Déployez vos largesses,
  Et vous serez heureux.
   Venez, etc.

Amants sans artifices,
Il faut avec ardeur
Donner du pain d'épice
A l'amie de vos cœurs.
Venez donc faire emplette
De mes jolies chansons;
Vous, garçons et fillettes,
Elles vous divertiront.
 Venez, etc.

CINQUANTE ANS.

Air : *O temps heureux de la chevalerie.*

Pourquoi gronder quand la vieillesse arrive?
Le temps peut-il s'arrêter dans son cours!
Je le sais trop, je suis loin de la rive
Où, jour et nuit, folâtrent les amours;
Mais n'est-il plus, mes amis, à mon âge,
Aucun moyen d'éveiller les désirs?
A cinquante ans, n'aura-t-on en partage
Que le regret des fugitifs plaisirs?

Il n'en est pas ainsi, je vous l'assure :
A cinquante ans on peut jouir encor
De mille biens que la bonne nature
Tire pour nous de son vaste trésor.

Moins, il est vrai, que dans notre jeunesse,
De tous nos sens les transports sont fougueux ;
On brûle moins auprès d'une maîtresse !
S'y trouve-t-on, pour cela, moins heureux !

O mes amis ! du tendre objet que j'aime
En contemplant les charmes séducteurs,
Je goûte encor la volupté suprême,
Je passe encor des momens enchanteurs.
Oui, belle Eglé, oui, ton divin sourire
Et de ta voix les magiques accents,
Plongent mon cœur dans le plus doux délire,
Et je retrouve à tes pieds mon printemps !

J. BLONDEAU.

MEA CULPA.

Air : *Je suis vilain* (Béranger).

Les yeux fixés sur mon grimoire,
Hier, comme un triste reclus,
Je repassois en ma mémoire
Les vingt printemps que je n'ai plus.
Quoique bien peu l'on se connaisse,
Voici l'aveu qui m'échappa :
Dieu ! qu'ai-je fait de ma jeunesse !...
Disons vite : mea culpa !
Mes bons amis, mea culpa !
Mea culpa !

Je fus un jour grossir le nombre
Des amateurs d'égalité ;
Mais parmi nous ce n'est qu'une ombre,
Et non une réalité.
En vain pour sa cause on s'élève.
Oh ! comme alors on me dupa !...
L'égalité n'est qu'un beau rêve.
Oui, c'est là tout — mea cu'pa !
Mes bons amis, mea culpa !
    Mea culpa !

Bacchus me parut plus traitable :
Buvons, me dis-je, à qui mieux mieux
Chantons les plaisirs de la table :
On dit que c'est celui des dieux.
Hélas ! cette folle allégresse
Vingt fois sans pitié me trompa.
Le plaisir n'est pas dans l'ivresse ;
Je l'ai senti... mea culpa !
Mes bons amis, mea culpa !
    Mea culpa !

Chagrin d'être célibataire,
Je pris femme. — Bientôt, hélas
Elle mourut — je dois me taire...
Cependant j'ajoute tout bas :
Courbé sous son femelle empire
Ma liberté se dissipa :
J'étais malheureux — je fus père —
Pauvres maris !... mea culpa !
Mes bons amis, mea culpa !
    Mea culpa !

Quoique je fusse sans rancune,
Il m'en souvient, j'eus un procès;
Il devait doubler ma pécune
En admettant un plein succès.
Mon premier gain — revers funeste !
Fut pour Thémis qui le happa;
Et mon avocat prit le reste.
Disons encore : mea culpa !
Mes bons amis, mea culpa !
    Mea culpa !

Alors je dis : la poésie
Offre seul un bonheur sans fin.
C'est ainsi que, triste pécore,
La misère un jour me frappa;
Et pourtant je rimaille encore.
Oh ! pour le coup : mea culpa !
Mes bons amis, mea culpa !
    Mea culpa !

—D. Thiébaux, du Caveau.

••••••••••••••••••••••••••••••••••••

SOUVENIR D'AMOUR.

Air : *Lisette, raccommodons-nous.*

Mon cœur souvent le dit à ma pensée :
C'était l'hiver, le temps de nos amours ;
L'air était froid, mais notre âme embrasée,
Dans nos transports nous suffisait toujours.

Du vert gazon, la brillante parure,
Le champ voisin n'était plus revêtu,
Mais nous savions nous passer de verdure.
  Lisette (*bis*), dis, t'en souviens-tu (*bis*) ?

Pourtant, un jour, nous eûmes pour retraite
Certain réduit qu'un ami vint m'offrir,
Loin des Argus, sur sa vieille couchette,
D'un bonheur pur nous goûtions à loisir ;
Sous mes baisers, ô ma jeune maîtresse,
Pour ranimer mon amour abattu,
Tu me disais : encore une caresse !
  Lisette (*bis*), dis, t'en souviens-tu (*bis*) ?

Pour dérober nos plaisirs à l'envie,
Les voluptés dans un bois nous guidaient ;
Goûtant alors le charme de la vie,
A mes soupirs tes soupirs répondaient ;
Assis tous deux sous le rustique chêne
Où saint Louis protégea la vertu,
De l'union nous bénissions la chaîne !
  Lisette (*bis*), dis, t'en souviens-tu (*bis*) ?

Sur l'avenir fondant quelque beau rêve,
Tu me disais : Quand donc viendra l'été ?
Il est venu ; déjà même il s'achève,
Et notre amour n'en a point profité !...
Ton cœur frivole, ami de l'inconstance,
Veut, chaque jour, un cœur impromptu,
Pourtant l'amour scella notre alliance,
  Lisette (*bis*), dis, t'en souviens-tu (*bis*) ?

LA PETITE FILLE AMOUREUSE.

Air : *T'en souviens-tu?*

J'ai quatorze ans, on dit que je suis folle,
Quand je m'adonne à des transports d'amour ;
Mais juste dieu réponds à ma parole,
Dis, sans aimer peut-on passer un jour.
Pour me punir si ma tante en colère
Au cabinet m'enferme à double tour.
Auprès de moi se glisse une chimère
Qui me sourit et me parle d'amour.

Pour étudier on m'envoye à l'école,
Mais que d'ennui me cause ma leçon,
Qu'ai-je besoin d'une science frivole,
Aime-t-on mieux avec plus de raison,
Trompant les yeux de ma maîtresse austère
Qui me punit et m'enferme à son tour.
Auprès de moi se glisse une chimère
Qui me sourit et me parle d'amour.

Lorsque Julien vient me voir en cachette,
Que d'un bouquet il ose me parer ;
Contente alors une joie indiscrète,
Vient tout-à-coup de mon cœur s'emparer ;
Mais le bonheur, hélas ! ne dure guère
En sa présence un moment est si court.
J'ime encor mieux Julien que la chimère,
Qui me sourit et me parle d'amour.

LES JOUJOUS.

Air d'Aristippe.

Homme insensé, te crois-tu donc plus sage,
Quand les hivers ont blanchi tes cheveux?
Rappelle-toi les jours de ton jeune âge
Et les jouets qui te rendaient heureux!
Comme un enfant n'agis-tu pas encore;
Car ces honneurs qui te semblent si doux,
Et ces rubans dont la soif te dévore,
Ne sont-ils pas toujours que des joujous?

Vois ce prélat dont l'orgueil se pavane
En robe d'or aux yeux de l'Éternel :
La mitre en tête, oubliant sa soutane,
Il fait la roue au pied du saint Autel.
Tous ces clinquants qui font sa jouissance,
Et cet encens dont il est si jaloux,
Ce titre enfin qu'il a pris d'Éminence
Ne sont-ils pas toujours que des joujous?

Guerriers ardents sur le champ de bataille,
Qui vous conduit à braver le trépas?
Pourquoi frapper et d'estoc et de taille
Des malheureux qu'on entraîne aux combats?
Je vous comprends : vous cherchez la victoire,
L'odeur du sang l'appelle auprès de vous ;
Mais ces lauriers qui feront votre gloire,
Ne sont-ils pas toujours que des joujous?

Amants transis qui versez tant de larmes,
Qui ne vivez qu'en poussant des soupirs,
Que vous faut-il pour chasser vos alarmes,
Que vous faut-il pour combler vos désirs?
Un doux sourire, un regard de tendresse,
Peut-être encore un peu plus, entre nous ;
Gages d'amour qui portent à l'ivresse
Ne sont-ils pas toujours que des joujous?

Chacun de nous a son grain de folie,
Et ce bas monde est un vaste hôpital,
Où l'on voudrait guérir sa maladie,
Tout en cherchant à prolonger son mal ;
Illusions, rêves de la jeunesse,
Dans l'âge mûr ne nous quittez pas tous ;
Venez encor bercer notre vieillesse,
L'homme en tout temps a besoin de joujous

Alph. Toinac.

LA TANTE MARGUERITE.

Air : *Fidèle époux, franc militaire.*

Ma vieille tante Marguerite,
Qui touche à ses quatre-vingts ans,
Me dit toujours : « Pauvre petite !
» Craignez les propos séduisants :
» Fillette doit fuir au plus vite
» Quand un garçon lui fait la cour... »
— Ah ! vieille tante Marguerite :
Vous n'entendez rien à l'amour.

Eh quoi ! lorsque dans la prairie,
On me dira bien poliment,
Que je suis aimable et jolie,
Faudra-t-il me fâcher vraiment !
Un beau berger, si je l'irrite,
Prendrait de l'humeur à son tour.
Ah ! vieille tante Marguerite,
Vous n'entendez rien à l'amour.

Toutes les filles de mon âge
En cachette écoutent déjà
Des garçons le tendre langage :
Je ne vois pas grand mal à ça.
Ma tante veut qu'on les évite :
Moi, je répondrai chaque jour

Ah ! vieille tante Marguerite,
Vous n'entendez rien à l'amour.

Et l'innocente, un soir seulette.
Fit la rencontre de Colin ;
Qui d'abord lui conta fleurette
Puis l'égara de son chemin :
Si bien que la pauvre petite
N'osait plus dire à son retour :
Ah ! vieille tante Marguerite,
Vous n'entendez rien à l'amour.

Sylvain Blot.

LA FOUDRE ET LES DEUX BERGERS.

Air : *Que ne suis-je la fougère.*

Deux amants, dès leur enfance,
L'un de l'autre étaient épris ;
Ils s'aimaient avec constance,
Comme l'on aimait jadis.
Aux champs ou dans le village,
On les voyait se chercher ;
Vers le soir, dans le bocage,
Ensemble ils s'allaient cacher.

To dis qu'en ce bois paisible
Ils oubliaient l'univers.

Soudain un tonnerre horrible
A fait retentir les airs.
O ciel ! épargne ma chère...
Le berger n'acheva pas ;
La foudre atteint la bergère,
Elle expire dans ses bras.

L'amant demeure immobile,
Sans rien sentir, sans rien voir ;
Il est muet et tranquille
A force de désespoir...
Une peine si cruelle
Bientôt lui brisa le cœur :
Et tombant près de sa belle,
Il y mourut de douleur.

Un seul tombeau les rassemble
Encore après le trépas ;
Les amants y vont ensemble,
Et chacun d'eux dit tout bas :
Puissé-je expirer de même !
Juste ciel, entends ma voie !
Survivre à l'amant que j'aime,
Serait mourir mille fois.

ANDRIEUX.

LE DIABLE.

Air : *La bonne aventure.*

Tout atteste et reconnaît
  Le pouvoir du diable ;
Dans tout ce qu'on dit et fait
  Est mêlé le diable ;
Certain auteur l'a prouvé
En vers à la diable, au gué,
  En vers à la diable.

L'homme d'esprit a, dit-on,
  Tout l'esprit du siècle ;
Nous disons d'un bon garçon :
  Qu'il est un bon diable ;
Et de l'honnête homme à pié :
C'est un pauvre diable, au gué,
  C'est un pauvre diable.

Qui désire être cité,
  Mène un train du diable ;
N'a pas qui veut, pour beauté,
  La beauté du diable.
Plus d'un ouvrage vanté
Ne vaut pas le diable, au gué,
  Ne vaut pas le diable.

Je connais certain censeur,
　　Malin comme un diable;
Après qui plus d'un auteur
　　Fait des cris de diable;
Mais qu'en homme plus censé,
Moi, j'envoie au diable, au gué,
　　Moi, j'envoie au diable.

Quel est l'homme qui jamais
　　Ne se donne au diable?
Les trois quarts de nos projets,
　　Où sont-ils? au diable.
Par la queue, ah! que j'en sais
Qui tirent le diable, au gué,
　　Qui tirent le diable.

ARNAUD.

●●●●●●●●●●●●●●●●●●●●●●●●●●●●●●●●●●●

ADÈLE.

Air : *Femme sensible, entends-tu le ramage?*

La connaissez, ma gente pastourelle;
D'un doux regard elle a su me charmer.
Savez le prix des doux regards d'Adèle?
Evitez-les, vous qui craignez d'aimer...

La gaîté brille en son joli sourire ;
L'amour pétrit son minois enchanteur
La volupté sur ses lèvres respire ;
Sa bouche appelle et promet le bonheur.

Qui croit jouir, dit-on, rêve et sommeille.
Rêver toujours, voilà mon seul désir.
Rêvant si bien, malheur à qui s'éveille ;
Heureux qui dort bercé par le plaisir !

Raison se perd près d'Adèle jolie,
Tendre délire est toujours de saison ;
Mais je préfère Adèle et sa folie
Au triste honneur de garder ma raison.

Et si son cœur devenait infidèle,
Dans mon chagrin je bénirais l'Amour ;
Fut trop heureux qui fut aimé d'Adèle,
Quand son bonheur n'aurait duré qu'un jour.

M.-J. Chénier.

LE ROI DE LA FÈVE.

Air : *Chantes, dansez.*

J'aimerais assez être roi,
Mais seulement roi de la fève ;
Ce gai métier, ce doux emploi
Donne au moins des moments de trêve.
Mais pour être roi tout de bon,
Même en France, je dirais non.

Qu'un roi de la fève est heureux !
Le dos au feu, le ventre à table,
Un verre plein d'un vin fameux
Est son sceptre peu redoutable.
Mais pour être roi, etc.

Ses lois ne sont que de bons mots ;
Il boit à gauche, il baise à droite,
Et toujours les meilleurs morceaux
Sont siens sitôt qu'il les convoite.
Mais pour être roi, etc.

Sur des convives délicats
Il est plus doux d'avoir l'empire
Que de régner sur des ingrats
Toujours tout prêts à contredire.
Mais pour être roi, etc.

Quand par la fève on devient roi,
On peut se choisir sa compagne
Sans craindre qu'un voisin sournois
Conduise une armée en campagne.
Mais pour être roi, etc.

De la fève la royauté
Ne rompt pas, comme à l'ordinaire,
Cette touchante égalité
Qui n'existe plus sur la terre.
Mais pour être roi tout de bon,
Même en France, je dirais non.

MARÉCHAL.

LE GATEAU DES ROIS.

Air : Je t'en file, file.

Il faut, pour payer ma dette,
Que je chante du nouveau ;
Ecoutez la chansonnette
Que m'inspire le gâteau.
La gaîté monte ma lyre,
Et je prends le ton grivois ;
Il faut que l'on tire, tire,
Tire le gâteau des rois.

Voyez la jeune Colette,
Avec son amant Lucas,
S'enfermer dans sa chambrette
Pour faire à deux un repas.
Nul ne saurait en médire
Si Colette, en tapinois,
Avec Lucas tire, tire,
Tire le gâteau des rois.

Orgon jamais à sa femme
Ne fait le moindre cadeau,
Et pourtant la pauvre dame
Mangerait bien du gâteau.
Pour soulager son martyre,
D'un galant elle a fait choix,
Puis avec lui tire, tire,
Tire le gâteau des rois.

Floricourt, mari volage,
Courant à vingt rendez-vous,
Se plaint que, dans son ménage,
Tout est sens-dessus-dessous.
Si tout va de mal en pire,
C'est que l'époux, trop de fois,
Sans sa femme tire, tire,
Tire le gâteau des rois.

Le jour des rois Isabelle
Serra les nœuds de l'hymen ;
Ah ! comme elle attend, la belle,
L'heureux moment du festin.

Après la fève elle aspire,
Car c'est la première fois
Qu'Isabelle tire, tire,
Tire le gâteau des rois.

Il faut que de la galette
Les hommes soient bien friands,
Partout on en fait emplette,
Partout on voit des marchands ;
Entraînés par le délire,
Soldats, seigneurs et bourgeois,
Tout le monde tire, tire,
Tire le gâteau des rois.

ROUTIER.

LES BILLETS D'ENTERREMENT.

Air : *C'est un lanla, landerirette.*

Notre allégresse est trop vive :
Amis, pendant nos ébats,
Sachez qu'un joli convive
Sent approcher son trépas.
Faut-il qu'à la fleur de l'âge
Il ait ce pressentiment !
Tous nos billets de mariage
Sont des billets d'enterrement.

Il sait que l'amour le guette
Pour se venger aujourd'hui
D'une querelle secrète
Qu'il eut vingt fois avec lui;
Rien que d'y penser, je gage
Qu'il meurt presque en ce moment.
Tous nos billets de mariage
Sont des billets d'enterrement.

Bientôt il prendra la fuite,
En tremblant se cachera;
Mais l'amour, à sa poursuite,
Dans son réduit l'atteindra.
L'un pousse un trait plein de rage,
L'autre un long gémissement.
Tous nos billets de mariage
Sont des billets d'enterrement.

Par pitié l'amour hésite,
Mais enfin, moins généreux,
Du trait que l'obstacle irrite,
Il lui porte un coup affreux.
Dans son sang le pauvre nage;
Adieu donc, défunt charmant.
Tous nos billets de mariage
Sont des billets d'enterrement.

BÉRANGER.

LE PHILOSOPHE RENOUVELÉ DES GRECS.

Air de Rossini.

Que les rois, durant la nuit sombre,
Dorment sous un dais fastueux ;
Pour nous, amis, buvons dans l'ombre,
On est roi quand on est heureux.

Sur notre table chancelante
Un flambeau répand la clarté,
Et de sa lueur vacillante
Dore les flancs de ce pâté.

Amis, ce flambeau solitaire
Nous invite à chasser l'ennui :
Buvons tandis qu'il nous éclaire ;
Nous pouvons mourir avant lui.

Anacréon, dans sa jeunesse,
Servit Bacchus et les amours :
Il passait près de sa maîtresse
De belles nuits et de beaux jours.

Anacréon, octogénaire,
S'entourait de jeunes beautés :
Il chantait, ne pouvant mieux faire,
Les appas qu'il avoit fêtés.

O vous que le plaisir rassemble,
Couronnez vos coupes de fleurs !
Buvons, amis, buvons ensemble
Au patriarche des buveurs.

Chantons, comme ce Grec célèbre,
Jusqu'au temps où le prêtre en deuil,
Au son d'un instrument funèbre
Chantera sur notre cercueil.
Casimir Delavigne à 18 ans.

━━━━━━━━━━━━━━━━━━━━━━━━

JE NE VEUX PAS ME PRESSER.

Air : *Veuve avant les nœuds de l'hyménée.*

L'amour est-il une folie ?
Maman me le dit chaque jour ;
Mais quand on est jeune et jolie,
Comment se passe-t-on d'amour ?
Je jurerais bien qu'à mon âge
Maman n'a pas su s'en passer :
Chaque saison a son partage,
Un jour aussi je serai sage ;
Mais je ne veux pas me presser.

L'autre jour, à notre assemblée,
Le bel Hylas vint me lorgner ;
Je feignis d'en être troublée,
Et j'affectai de m'éloigner.

Je quittai doucement la place :
Ce n'était pas le repousser :
Quand un amant nous embarrasse,
C'est bien fait de fuir son audace ;
Mais il ne faut pas se presser.

Hylas, me suit, Hylas m'adore :
Il me le dit au point du jour ;
Le soir il me le dit encore,
Quand nos troupeaux sont de retour.
Je sens du plaisir à l'entendre,
Et j'ai l'air de n'y pas penser.
Je sais bien que j'ai le cœur tendre,
Et je vois qu'il faudra me rendre :
Mais je ne veux pas me presser.

J'ai vu la tendre tourterelle,
Aux jours de son premier printemps
A l'amour qui tourne autour d'elle
Se refuser assez longtemps :
L'oiseau n'en est que plus fidèle,
Plus ardent à la caresser.
J'imiterai la tourterelle ;
Je veux bien m'engager comme elle
Mais je ne veux pas me presser.

Le duc de Nivernois.

DÉLIRE BACHIQUE.

Mes amis, nos coupes sont pleines,
L'écume en couronne les bords ;
Quel feu circulant dans mes veines,
M'inspire de nouveaux transports !
Je vois Bacchus, je vois sa gloire,
Mon ivresse m'enlève aux cieux !
C'est Hébé qui me verse à boire :
Je suis à la table des dieux.

Approche, joyeuse bacchante
L'œil en feu, les cheveux épars :
Viens redoubler l'ardeur brûlante
Que je puise dans tes regards
Verse d'un bras infatigable
Le pur nectar des immortels ;
Je me contente de leur table,
Sans aspirer à leurs autels.

Vois dans sa marche vacillante
Silène qui, l'œil égaré,
Laisse aller sa tête tremblante
Que couronne un raisin doré ;
Dont la soif paraît s'irriter,
Appelle encor la coupe humide
Que sa main ne peut plus porter.

Qui de nous, dans ces jours de fête
Peut compter sur un jour nouveau ?

Le lierre qui couvre ma tête
Croîtra demain sur mon tombeau,
Mais, loin qu'une sombre tristesse
Précède mon dernier sommeil,
Je veux m'endormir dans l'ivresse
Et chanter encore au réveil.

C'EST C'QUE JE N'SAIS PAS.

Air : *J'arrive à pied de province.*
Ou : *Qu'est donc dev'nu c'pauv' cantches?*

Je sais d'une chansonnette,
　　D'un couplet badin,
Accorder sur ma musette
　　Le joyeux refrain.
Mais faut-il, dans mon délire,
　　Marchant sur vos pas,
D'Apollon prendre la lyre,
　　C'est c'que je n'sais pas.

Je sais chanter pour un brave,
　　Comme moi Français ;
Je sais, en vidant ma cave,
　　Boire à nos succès.
Mais faut-il de l'Angleterre,
　　Flatteur vil et bas,
Chanter la gloire éphémère ?
　　C'est c'que je n'sais pas.

Céphise a (grand bien lui fasse!)
　　Perdu son mari;
Et pour comble de disgrâce,
　　Son chien favori.
Dans sa douleur si cruelle,
　　Dans ses longs hélas,
Lequel des deux pleure-t-elle?
　　C'est c'que je n'sais pas.

Sous le linon de sa robe,
　　Lise, à tous les yeux,
De deux jolis monts dérobe
　　Des contours heureux.
Que sa modeste parure
　　Nous cache d'appas!
Les doit-elle à la nature?
　　C'est c'que je n'sais pas.

Parfois la pieuse Hortense
　　Et son confesseur
Vont tous deux dans le silence
　　Prier le Seigneur.
Dans l'asyle du mystère
　　Dieu conduit leurs pas.
N'y font-ils que leur prière?
　　C'est c'que je n'sais pas.

J'ai trouvé l'art de médire
　　En vers bien mauvais :
J'ai trouvé l'art de vous dire
　　Jusqu'à dix couplets.

J'ai trouvé l'art de distraire
　　Vos joyeux ébats.
Ai-je trouvé l'art de vous plaire ?
　　C'est c'que je n'sais pas.

Ch. Dupeuty.

LANTARA.

Ah ! que de chagrins dans ma vie
　　Combien des tribulations !
Dans mon art en butte à l'envie !
　　Trompé dans mes affections.　(bis)
Viens m'arracher à la misanthropie,
　　Jus précieux, baume divin !
Oui, c'est par toi, par toi seul que j'oublie
　　Les torts affreux du genre humain.　(bis)

A jeun je suis trop philosophe,
　　Le monde me fait peine à voir,
Je ne rêve que catastrophe,
　　A mes yeux tout se peint en noir.　(bis)
Mais quand j'ai bu, tout change de figure,
　　La riante couleur du vin
Prête son charme à toute la nature,
　　Et j'aime tout le genre humain.　(bis)

L'ÉCLIPSE DE LUNE.

Air : *Chantez, dansez, amusez-vous.*

Il est minuit,
La lune fuit,
Et de la maison de sa mère
Hélène fuit
A petit bruit,
Pour joindre Alain dans la bruyère,
Elle attend de lui son bonheur :
En viendra-t-il à son honneur ?

Alain tenté,
De son côté,
De ne plus faire sentinelle,
D'un pied léger,
Près du verger,
Se précipite au-devant d'elle ;
Et pour lui faire son bonheur
En veut venir à son honneur.

Quel embarras
Avec fracas
On entend ouvrir la fenêtre,
Alain se plaint,
Hélène craint ;
Car si sa mère allait paraître,
Alain, pour faire son bonheur,
N'en viendrait pas à son honneur.

« Amour malin ! »
S'écrie Alain,
» Préserve-nous d'un tel obstacle ;
» Hélène et moi
» Suivons ta loi :
» Ne saurais-tu faire un miracle ?
» Pour qu'en assurant son bonheur
» Alain en vienne à son honneur. »

Alain dévot,
Joint un sanglot
A cette prière importune.
L'Amour étend
Au même instant
Ses deux ailes devant la lune.
Alain, si proche du bonheur,
En viendra-t-il à son honneur ?

C'est vainement
Que la maman
Regarde alors ce qui se passe ;
Moitié pudeur,
Moitié frayeur
Hélène défend qu'on l'embrasse ;
Mais pour lui faire son bonheur
Alain en vient à son honneur.

LE PROJET ILLUSOIRE.

Air : *J'étais bon chasseur autrefois.*

Je n'avais pas encor quinze ans
Que je rendis hommage aux belles ;
A force de soins complaisants
J'en rencontrai peu de rebelles.
J'aimais Chloé, Rose et Philis,
Et je disais : « Je me réserve,
» Quand j'aurai vingt ans accomplis,
» De quitter Vénus pour Minerve. »

O mes amis ! je ne sais trop
Comment les trois Parques filèrent ;
Mais un beau matin, au galop,
Ces maudits vingt ans arrivèrent,
Et je me dis : « Viennent trente ans,
» Je serai chaste, sobre, austère...
» Mais jusque-là passons le temps
» Au fond des bosquets de Cythère. »

Trente ans à leur tour ont sonné
Hélas ! j'ai fait la sourde oreille,
Et près du beau sexe étonné,
J'ai brûlé d'une ardeur pareille...

Mais je disais confidemment
A tous les faiseurs d'épigrammes :
« A quarante ans probablement
» Je saurai renoncer aux dames. »

Les quarante ans me sont venus,
Et je me suis dit : « Peu m'importe,
» Auprès de moi gardons Vénus ;
» Que Minerve reste à la porte.
» Mon corps n'est point encor perclus,
» Et mon cœur a tout son courage ;
» Quand j'aurai deux lustres de plus
» Je fais serment d'être bien sage. »

J'ai mes cinquante ans révolus,
Et Minerve, dans sa colère,
Me dit tous les jours : « Sois confus,
» Et renonce à l'espoir de plaire. »
Mais je réponds, d'un ton plaintif,
Que, n'en pouvant bannir l'envie,
J'ai pris le parti décisif
D'aimer le reste de ma vie.

Le chevalier Pis,

LE BAISER.

Air : *J'ai vu partout dans mes voyages.*

Sur le gazon, dans la prairie,
Lycas, au déclin d'un beau jour,
Demandait à sa douce amie
Le salaire de son amour.
Elle se tait ; c'est faire entendre
Que son amour peut tout oser :
Lycas aimait d'amour bien tendre
Il se contenta d'un baiser.

O volupté, bonheur suprême !
Combien leurs cœurs furent émus !
Un baiser vaut mieux quand on aime
Que tout sitôt qu'on n'aime plus ;
Couple charmant, dans ton délire
Garde-toi bien de tout oser,
Ce doux moment doit te suffire :
On est heureux par un baiser.

Pourquoi donner la préférence
A l'esprit aux dépens du cœur ?
Vous cherchez toujours la science,
Vous fuyez toujours le bonheur.
Je veux bien que l'homme s'éclaire,
La femme doit avoir du goût.
Le grand art est celui de plaire :
Dès l'instant qu'on plaît, on sait tout.

DELRIEU.

CHANSON MORALE.

Air connu.

Rions, chantons, aimons, buvons,
En quatre points c'est ma morale ;
Rions tant que nous le pouvons
Afin d'avoir l'humeur égale.
L'esprit sombre que tout aigrit
Tourmente ce qui l'environne :
Et l'homme heureux qui toujours rit
Ne fait jamais pleurer personne.

Souvent les plus graves leçons
Endorment tout un auditoire :
Mettons la morale en chansons,
Pour la graver dans la mémoire.
A ses vœux un chanteur, dit-on,
Rendit l'enfer même docile ;
Orphée a montré qu'un sermon
Ne vaut pas un bon vaudeville.

Quand Dieu noya le genre humain,
Il sauva Noé du naufrage,
Et dit, en lui donnant du vin :
« Voilà ce que doit boire un sage. »
Buvons-en donc jusqu'au tombeau,
Car d'après l'arrêt d'un tel juge,
Tous les méchants sont buveurs d'eau,
C'est bien prouvé par le déluge.

Un cœur froid qui jamais n'aima
Du ciel déshonore l'ouvrage,
Et pour aimer Dieu nous forma,
Puisqu'il fit l'homme à son image.
Il faut aimer, c'est le vrai bien
Suivons, amis, ces lois divines;
Aimons toujours notre prochain,
En commençant par nos voisines.

Ségur aîné.

LE CID.

Air : *Rien, tendre amour* (de Gulnare).

Prêt à partir pour la rive africaine,
Le Cid armé, tout bouillant de valeur,
Sur la guitare, aux pieds de sa Chimène,
Chantait ces vers que lui dictait l'honneur.

Chimène a dit : « Va combattre le Maure,
» De ce combat surtout reviens vainqueur.
» Oui, je croirai que Rodrigue m'adore
» S'il fait céder son amour à l'honneur. »

Donnez, donnez et mon casque et ma lance,
Je prouverai que Rodrigue a du cœur ;
Dans les combats signalant sa vaillance,
Son cri sera pour sa dame et l'honneur.

Maure vanté par ta galanterie,
De tes accents mon noble chant vainqueur,
D'Espagne un jour deviendra la folie,
Car il peindra l'amour avec l'honneur.

Dans les vallons de notre Andalousie,
Les vieux chrétiens chanteront ma valeur.
Il préféra, diront-ils, à la vie,
Son Dieu, son roi, sa Chimène et l'honneur.

CHATEAUBRIAND.

LES DEUX VOYAGEURS.

Air : *Rassure-toi, ma tout aimable.*

Parcourant tous deux la carrière
Où les a placés le destin,
Un jour près du dieu de Cythère
L'amitié se trouve en chemin.
Vers le plaisir chacun voyage,
Se donnant parole au retour ;
Car de l'amitié c'est l'usage
D'aller moins vite que l'amour.

En folâtrant l'amour avance,
Il rit, il badine en chemin :
L'amitié marche avec prudence
Et sonde d'abord le terrain.
Fuyant chaque route nouvelle,

Lorsque l'autre prend un détour,
L'amitié jamais ne chancelle ;
Souvent le pied glisse à l'amour.

Sur la route le dieu de Gnide
Fait souvent répandre des pleurs ;
Suivant le penchant qui le guide
Il cueille les plus belles fleurs.
Au gré de son humeur bizarre
A chacun il fait quelque tour ;
Mais l'amitié vient et répare
Les fautes que commet l'amour.

Le premier le volage arrive
Au but où tendent ses souhaits ;
L'amitié toujours plus tardive,
Chez le plaisir ne vient qu'après ;
Mais en vain demande son frère,
Ce dieu n'était resté qu'un jour ;
Le plaisir avait eu beau faire,
Il n'avait pu fixer l'amour.

PAUL DE KOCK.

LE DESSERT.

AIR : *En revenant de Bâle en Suisse.*

Disparaissez, on vous l'ordonne,
Rôtis pompeux, fins entremets,

Ici Bacchus, Flore et Pomone,
Doivent seuls régner désormais ;
 On rit, on babille ;
 Le cœur est ouvert,
 Et la gaîté brille
Au moment du dessert.

Voyez, quand un dîner commence
Souvent on ne se connaît pas ;
Mais sans peine on fait connaissance,
Et, quand vient la fin du repas,
 On rit, on babille,
 Le cœur est ouvert ;
 On est en famille
Au moment du dessert.

A raisonner chacun s'applique,
Tous ensemble, et non tour à tour ;
Tout haut on parle politique,
Et tout bas on parle d'amour.
 On rit, on babille ;
 Le cœur est ouvert,
 Et la gaîté brille
Au moment du dessert.

C'est du champagne qu'on apporte ;
Chacun va dire sa chanson ;
On chante juste ou faux, qu'importe,
Le plaisir est à l'unisson.
 On rit, on babille ;
 Le cœur est ouvert,

Et la gaîté brille
Au moment du dessert.

Voyez cette jeune innocente,
Buvant de l'eau, ne disant mot,
A ce vin mousseux qui la tente
Elle cède, en boit, et bientôt
    Elle rit, babille ;
    Son cœur est ouvert,
    Et sa gaîté brille
Au moment du dessert.

Étrangère à la gourmandise,
Indifférente aux grands repas,
Lise d'un peu de friandise
En secret ne se défend pas,
    Elle rit, babille ;
    Son cœur est ouvert,
    Et sa gaîté brille
Au moment du dessert.

Dans un amoureux tête-à-tête,
Que cet instant est précieux,
Ah! quelle ivresse! ah! quelle fête!
Qu'avec joie, en attendant mieux,
    On rit, on babille ;
    Le cœur est ouvert,
    Et la gaîté brille
Au moment du dessert.

Nous, qu'un joyeux délire excite,
Et dont Momus dicte les chants,
Mes bons amis, dînons bien vite,
Mais au dessert restons longtemps ;
  On rit, on babille ;
  Le cœur est ouvert,
  Et la gaîté brille
  Au moment du dessert.

RADET.

PUISQUE MA MÈRE LE DÉFEND.

RONDE.

AIR : *Chantez, dansez, amusez-vous.*

De passer mes jours plus gaîment
Enfin il me prend fantaisie ;
Peut-on, sans un doux sentiment,
Trouver du charme en cette vie ?
Mais je n'aurai jamais d'amant,
Puisque ma mère le défend.

A l'amitié bornant mes vœux,
D'un jeune ami prudent et sage
J'accepte les soins généreux,
Et ma tendresse est sans partage.
Mais je n'aurai jamais d'amant,
Puisque ma mère le défend.

Au jeune berger Lycidas
Ce soir même je me confie
Il doit suivre en tout lieu mes pas ;
Je serai son unique amie :
Mais je n'aurai jamais d'amant,
Puisque ma mère le défend.

De mes ennemis les plus secrets
Je lui ferai la confidence ;
Si quelqu'un m'insulte jamais,
C'est lui qui prendra ma défense :
Mais je n'aurai jamais d'amant,
Puisque ma mère le défend.

S'il me demande un doux baiser
Pour récompenser sa constance,
Pourrai-je, hélas ! le refuser
Sans trahir la reconnaissance ?
Mais je n'aurai jamais d'amant,
Puisque ma mère le défend.

O vous, qu'une sévère loi
Condamne souvent au veuvage,
Fuyez l'amour ; imitez-moi :
Prenez un ami doux et sage,
Mais ne prenez jamais d'amant,
Puisque le monde le défend.

Sophie Gail.

LE CHAT.

Air *du petit Matelot.*

Au sentiment, à la tendresse,
Le chien joint la fidélité.
Le chat plaît par sa gentillesse,
Les grâces et l'agilité.
Dans ses yeux brille un caractère
Tout à la fois plaisant et fin;
Dans l'art d'amuser le parterre
Il fut le maître de Carlin.

Contre des animaux paisibles
Le chien en plaine prend l'essor,
Contre des animaux nuisibles
Le chat nous sert bien mieux encor.
Quel prix n'auraient point ses services
Si, de ces êtres pleins d'appas,
Adorés, malgré leurs caprices,
Il pouvait prendre tous les rats.

Mais chat joli, femme jolie,
Toujours entr'eux vivront en paix,
Ruse, détour, plaisir, folie,
Pour tous deux ont mêmes attraits.
Voyez-vous comment la coquette
En use avec ses favoris!
Elle les joue, elle les traite
Comme le chat fait la souris.

Le chat est friand, et les belles
Partagent ce charmant défaut.
Il est amoureux; et près d'elles
L'est-on jamais plus qu'il ne faut :
D'amour, le chat est leur modèle ;
Aussi, quand l'amant délicat
En obtient le prix de son zèle,
C'est toujours : Mon cœur ou mon chat.

Ce mot-là, dis-le moi sans cesse,
Eglé ! mais ne le dis qu'à moi.
Qu'il rend bien cette douce ivresse
Que je ne sens qu'auprès de toi !
De Minette offre-moi les charmes,
Mais point de ces malins retours ;
Pour mes rivaux garde tes armes ;
Fais pour moi patte de velours.

Philippon de la Madeleine.

LE PETIT BIEN DE LISE.

Air : *Philis demande son portrait.*

Du plus beau des petits endroits
  Lise est propriétaire ;
Son petit bien est à la fois
  Forêt, île et parterre.
On y voit buissons et gazons,
  Bois et mille autres choses,

Même dans ces jolis buissons,
  On voit fleurir les roses.

Sur les roses de ce réduit
  Phébus est sans puissance,
Mais l'astre argenté de la nuit
  Préside à leur naissance.
Lise sait l'instant non trompeur
  Qu'elles seront écloses,
Et reçoit toute sa fraîcheur
  De l'éclat de ces roses.

Elles ne tiennent rien de l'art,
  Mais tout de la nature ;
Elles brillent loin du regard
  Et naissent sans culture.
Lise, dont l'esprit est prudent,
  Et qui n'est point pressé,
Attend, pour arroser le champ,
  Que la fleur soit passée.

C'est ainsi que Lise entretient
  Cette île fortunée
Où le temps des roses revient
  Douze fois dans l'année,
Mais n'en déplaise cependant.
  A leur source divine,
Ces roses-là pour un amant
  Ne sont pas sans épine.

Conserve ce bien précieux,

Ce charmant héritage
Lise, ce sont les petits lieux
Qu'on aime davantage.
Dès longtemps, je te l'ai prédit,
Tel est l'ordre des choses,
Si ton domaine s'arrondit,
Hélas ! adieu les roses.

LALLEMAN.

JE N'Y PENSE PLUS.

ROMANCE.

J'avoûrai pour lui ma faiblesse,
A l'écouter je me plaisais,
J'éprouvais une douce ivresse
Quand près de moi je le voyais !
S'il me parlait de son délire
Mes sens, hélas ! étaient émus...
Je l'aimais, puisqu'il faut le dire,
Mais, mais je n'y pense plus,
Non, non, je n'y pense plus !

Pour gravir nos vertes montagnes,
Son bras était mon seul appui,
Et préférée à mes compagnes,
Toujours je dansais avec lui...
De ma conquête j'étais fière,
Je mettais mes soins assidus

Et tout mon bonheur à lui plaire,
Mais, mais je n'y pense plus !

La nuit au milieu de mes songes,
Ses traits alors venaient s'offrir !
Ah ! les amours sont des mensonges,
Et j'ai banni son souvenir !
Il n'a plus rien que je redoute,
Calme et repos me sont rendus,
Autrefois je l'aimais sans doute...
Mais, mais je n'y pense plus !

LE VÉRITABLE AMOUR.

Tu demandes, Marie,
Si l'amour est menteur;
Si deux fois dans la vie
On peut donner son cœur ?
   Non, mon ange,
Non, non, mon ange,
Jamais le cœur ne change,
   L'amour d'un jour, (*bis*)
Ce n'est pas de l'amour !

Celui qui sur la terre
Seul a pu nous charmer
On l'aima la première
On doit toujours l'aimer.
   Crois, mon ange, etc.

Mais l'amour pur rayonne,
Le temps le rajeunit,
Le malheur le couronne
Et le ciel le bénit !
 Oh ! mon ange, etc.

Lorsque vient la mort même,
Le cœur va sans regret,
Attendre ce qu'il aime !
Revoir ce qu'il pleurait !...
 Oui, dans le ciel,
Dans le ciel même,
Toujours on s'aime !
 Comme le ciel, (*bis*)
L'amour est éternel.

LA CROIX DU BOIS NOIR.

Il neigeait dans la plaine,
L'ombre du soir tombait,
Le fils de Madeleine,
Au pays revenait.
Il frappe à sa chaumière,
Écoute et n'entend rien ; (*bis*)
En pleurant il espère,
L'espoir fait tant de bien. (*bis*)

Il frappe, il frappe encore,
On ne lui répond pas,
Sa mère qui l'adore,
Elle était morte, hélas :
« Adieu, dit-il, ma mère,
» J'eusse été ton soutien, »
En pleurant il espère,
L'espoir fait tant de bien.

On voit dans la vallée
L'humble croix de bois noir,
Où l'âme inconsolée
Pierre vient chaque soir.
De troubler sa prière,
Passant garde-toi bien ;
Prie encore, pauvre Pierre ?
Prier fait tant de bien.

●●●●●●●●●●●●●●●●●●●●●●●●●●●●●●●●●

AH ! QU'IL EST BON LA, MON HOMME.

Vous vous plaignez commères,
Qu'vos maris n'valent rien,
Ben moi j'dis tout l'contraire,
Je n'me plains pas du mien.
A l'ouvrage faut voir comme
Y se tire d'embarras.
Ah ! qu'il est bon là, mon homme,
  Ah ! qu'il est bon là...

Y sait battre à la grange
Et très bien labourer ;
Faut voir comme il arrange
Notr' jardin potager :
C'est un maître au jeu d'paume,
Pas un n'a pareil bras.
   Ah ! qu'il, etc.

Lorsque quelqu'un l'invite,
Soit d'baptême ou de festin :
Il accepte de suite
Et s'y rend d'bon matin ;
Pour la frippe et l'rogomme,
Peut venir qui voudra.
   Ah ! qu'il, etc.

Quand y s'agit d'la danse,
Oui, c'est à lui l'pompon ;
Quel' grâce et quelle aisance
Y met dans l'rigodon !
Aussi tout l'mond' l'r'nomme
Pour ses entrechats.
   Ah ! qu'il, etc.

Il a d'esprit comme trente,
Et d'amour comme cent ;
Sa voix est très charmante,
Doué d'un bel accent,
Il a r'fusé d' gross's sommes
Pour être d' l'Opéra.
   Ah ! qu'il, etc.

S'il fallait que j' vous dise
Tout' ses bonn' qualités,
J'en aurais, chèr's payses,
Pour une éternité,
Vous iriez d' Paris à Rome
Sans en trouver d'comme ça.
 Ah ! qu'il, etc.

LA BATELIÈRE DU RHIN.

Musique et paroles de Mlle Loisa Puget.

Ne rame plus, la belle batelière,
Ne rame plus en passant sur le Rhin.
Le feu du ciel a brûlé ta chaumière,
Tout a péri, ton malheur est certain
Et pourquoi donc me désoler
Si mon fiancé m'est fidèle
L'amour saura me consoler,
Et pauvre en serai-je moins belle.
Tant que le ciel bénira tes amours,
Rame, Mina, rame, rame toujours.

Ne rame plus, la belle batelière,
Ne rame plus, ce n'est pas tout encore,
Car en voulant préserver ta chaumière
Ton fiancé, Franc le chasseur, est mort !

Mais cette fois, frappée au cœur ;
Sans dire un mot, la pauvre fille,
Pâle, tomba comme une fleur ;
Comme une fleur sous la faucille.
Puisque le ciel t'a rav' tes amours,
Pauvre Mina, qu'il prenne aussi tes jours.

Reviens à toi, la belle batelière,
Reviens à toi, le malheur n'est pas grand,
Je t'ai trompée : auprès de ta chaumière,
Franc, vois plutôt, est là-bas qui t'attend.
Mais à ces mots la pauvre enfant,
Qui tout à l'heure semblait morte,
Sur ses deux pieds très lestement
Se releva joyeuse et forte.
Puisque le ciel t'a gardé tes amours,
Rame, Mina, rame en chantant toujours.

VEUX-TU T'TAIRE.

Tous les ivrogn's ont juré
Enfin de n' plus se soûler
Il' n' boiront que de l'eau claire
    Veux-tu t'taire,   (bis)
Menteur, veux-tu t'taire.

Ce qu'il y aura d' plus beau
C'est que nous s'rons tous égaux
Il n'y aura plus d'misère,
    Veux-tu t'taire, etc.

On dit que les négociants
Achèt'ront, vendront comptant
A crédit n'f'ront plus d'affaires,
    Veux-tu t'taire, etc.

On assure maintenant
Qu'les fill' n'auront plus d'enfants
Sans la permission d'leur mère,
    Veux-tu t'taire, etc.

Le commerc' va prendre un train
Avant six mois, pour certain
L'ouvrier s'ra millionnaire,
    Veux-tu t'taire, etc.

On dit qu'les marchands d'chansons,
Vont faire bâtir des maisons
Pour se mett' propriétaires,
    Veux-tu t'taire, etc.

L'ANGE AU CIEL.

Que cherches-tu sur cette terre étrange
Esprit du ciel perdu dans nos chemins
Ne crains-tu pas de blesser tes pieds d'ange
Aux durs cailloux de nos sentiers humains !
Ne crains-tu pas qu'un parfum ne dévoile
Ton origine à ceux qui te verront
Et que le vent qui soulève ton voile
Ne fasse luire une étoile à ton front.

Lorsque mes yeux te disent : Je t'aime,
Et que ma bouche te le dit tout bas
Sais-tu pourquoi je tombe à l'instant même
A tes genoux plutôt que dans tes bras ?
C'est qu'ici-bas un bonheur sans mélange
N'est pas du monde où je vis soucieux
Et que j'ai peur que Dieu ne dise : Un ange
Manque, il me semble, aux phalanges des cieux.

A cette voix, alors obéissante,
Quand de mes bras tu t'échapperais,
Et pour te suivre ma force impuissante,
Qu'envers les cieux mon ange volerait,
Car pour monter aux voûtes éternelles,
Quand dans ce monde on est las de souffrir,
Seule la mort vient nous offrir ses ailes
Et pour te suivre il me faudrait mourir.

LE MOUSSE ORPHELIN.

Je ne suis qu'un pauvre mousse
A bord d'un vaisseau royal
N'importe où le vent me pousse,
Nord, midi, tout m'est égal.

REFRAIN.

Car d'un père ou d'une mère
Je n'ai pas connu l'amour,
Et personne sur la terre
N'attend après mon retour.

Quand je monte à l'abordage
On voit nos plus vieux soldats
Tremble; tous pour mon jeune âge,
Oh ! moi je ne tremble pas.
   Car d'un père, etc.

Quand les flots sont en furie
Les matelots font des vœux
A genoux, comme eux, je prie
Non pour moi, mais bien pour eux.
   Car d'un père, etc.

LES BONS AMIS.

Air de fanfare.

Que le plaisir nous enchante,
Qu'il soit l'âme du repas ;
Que l'on boive, que l'on chante,
Oublions tous nos débats.
Avec ce jus délectable
Le chagrin n'est plus permis ;
Et c'est toujours à la table
Que l'on devient bons amis.

C'est le moment du silence
Quand on sert les premiers plats,
On s'observe avec décence,
Et l'on se parle tout bas ;

L'entremets rend plus aimable ;
Au dessert on voit les ris.
Quand le champagne est sur table
On devient tous bons amis.

Dans un cercle, la saillie
Cause souvent du dépit ;
La plus légère ironie
Est un vice de l'esprit.
Dans un repas agréable,
Tous les bons mots sont bien pris ;
La franchise règne à table :
On est toujours bons amis.

Que je sais des gens sévères
Durs et brusques le matin,
Qui le soir au bruit des verres,
Ont un plaisir clandestin :
Leur humeur est plus affable,
Et, dans les soupers jolis,
Avec eux l'amour à table
Les rend les meilleurs amis.

Allons, gai, cher camarade,
Je t'attends le verre en main ;
Il faut boire une rasade
A la santé de Catin :
Si la belle peu traitable
T'a causé de noirs soucis,
Morgué, fais-la mettre à table,
Vous deviendrez bons amis.

Blaise, barbier du village.
Pour humer le vin clairet,
Les soirs quitte son ménage,
Et chopine au cabaret :
Sa moitié, qui fait le diable,
Va l'étourdir de ses cris ;
Blaise la fait mettre à table :
Ils en sortent bons amis.

FAVART.

RONDE.

C'est l'amour, l'amour, l'amour,
Qui fait le monde
A la ronde,
Et chaque jour, à son tour,
Le monde fait l'amour.

Qui rend la femme plus docile,
Et qui sait doubler ses attraits ?
Qui rend le plaisir plus facile ?
Qui fait excuser ses excès ?
Qui sait rendre sensibles
Les grands dans leurs palais ?
Qui sait rendre accessibles
Jusques aux sous-préfets ?

C'est l'amour, l'amour, l'amour,
  Qui fait le monde
   A la ronde,
Et chaque jour, à son tour,
  Le monde fait l'amour.

Qui donne de l'âme aux poëtes,
Et de la joie à nos lurons ?
Qui donne de l'esprit aux bêtes
Et du courage aux plus poltrons ?
  Qui donne des carrosses
  Aux tendrons de Paris ?
  Et qui donne des bosses
  A beaucoup de maris ?

C'est l'amour, l'amour, l'amour,
  Qui fait le monde
   A la ronde,
Et chaque jour, à son tour,
  Le monde fait l'amour.

Que fait une nouvelle artiste
Qui veut s'assurer des amis ?
Que fait une belle modiste
Pour se mettre en vogue à Paris ?
  Que font dans les coulisses
  Les banquiers, les docteurs ?
  Et que font les actrices
  Avec certains auteurs ?

C'est l'amour, l'amour, l'amour,
　　Qui fait le monde
　　　A la ronde,
Et chaque jour, à son tour,
　　Le monde fait l'amour.

Sur les rochers les plus sauvages,
Dans les palais, dans les vallons,
Dans l'eau, dans l'air, dans les bocages,
Sous le chaume, dans les salons,
　　Que font toutes les belles,
　　Les amants, les époux?
　　Que font les tourterelles
　　Et même les coucous?

C'est l'amour, l'amour, l'amour,
　　Qui fait le monde
　　　A la ronde,
Et chaque jour, à son tour,
　　Le monde fait l'amour.
　　　　　　Dartois et Francis d'Allarde.

LE PORTRAIT DE LA VIE.

Un sage l'a dit autrefois :
Tout est vanité sur la terre ;
Jeune et vieux, bergers et rois,
Chacun caresse une chimère.
Craindre, espérer, douter de tout,
Suivre la raison, la folie,
Jouir un peu, souffrir beaucoup :
Voilà ce que c'est que la vie.   (*bis*)

L'homme puissant feint d'être heureux,
Le lâche affecte du courage,
Le pervers se dit vertueux,
L'insensé veut paraître sage ;
Cet autre, embrassant son rival,
Est dévoré de jalousie ;
C'est à qui cachera son mal :
Voilà ce que c'est que la vie.

Faire l'éloge de son cœur,
Se plaindre de l'ingratitude ;
Être chatouilleux sur l'honneur
Et vicieux par habitude ;
Parler toujours de loyauté
Souvent de perfidie,
Faiblesse, audace, cruauté :
Voilà ce que c'est que la vie,

Du hasard tout subit la loi ;
Sans le vouloir on reçoit l'être ;
On aime sans savoir pourquoi ;
On s'égorge sans se connaître ;
Pour un riche, mille indigents,
Pour l'indigent, point de patrie,
Pour tout le monde des tourments :
Voilà ce que c'est que la vie.

Désireux de ce qu'on n'a pas,
Fatigué de ce qu'on possède,
Frémir à l'aspect du trépas,
Appeler la mort à son aide,
Vouloir embrasser la vertu,
Retomber dans son apathie,
Et mourir comme on a vécu :
Voilà ce que c'est que la vie.

LES SOUVENIRS.

Nous vieillissons, ma pauvre bonne amie.
Hélas ! les temps a marbré nos cheveux,
Et notre main déjà mal affermie,
Trahit souvent nos désirs et nos vœux.
Mais si l'hiver qui glace ma musette,
A nos plaisirs vient mettre le holà ;
Caressons-nous, caressons-nous, Lisette,
Pour endormir encor ce regret-là.   (bis)

Te souviens-tu de ce bosquet de roses,
Qui sur mon cœur, vit ton cœur se presser ?
Là, sous tes pas, mille fleurs demi-closes,
Tout doucement t'invitaient à glisser.
Où sont ces fleurs, témoins de ta défaite ?
Sous ces remparts, un jour on les foula.
Caressons-nous, caressons-nous, Lisette,
Pour endormir encor ce regret-là.

Te souviens-tu de ce vieil uniforme
Que j'étrennai si bien à Friedland ?
Le temps enfin l'a mis à la réforme ;
Le bras faiblit, mais le cœur est brûlant.
Ah ! mon habit, parmi ceux qu'on achète
Tu ne fus pas !... Aussi l'on l'exila.
Caressons-nous, caressons-nous, Lisette,
Pour endormir encor ce regret-là.

Te souviens-tu de l'honorable signe,
Qui sur mon sein brilla dans les cent jours ?
Ah ! devait-on m'en déclarer indigne !
Mon pays seul n'eut-il pas mes amours ?
Mais le traitant, qu'à ma place on brevète,
Pour obtenir, que de preux il vola !
Caressons-nous, caressons-nous, Lisette,
Pour endormir encor ce regret-là.

Te souviens-tu ?... Laissons-là ma misère ;
Soyons Français, ne pensons plus à moi.
Citons plutôt le nouveau Bélisaire,
Dont les malheurs ont causé tant d'émoi.

Quoi ! l'aigle est mort, on a flétri la tête,
Qui tant de fois de gloire étincela !
Caressons-nous, caressons-nous, Lisette,
Pour endormir encor ce regret-là.

Émile Debraux.

IL EST MINUIT.

Il est minuit :
Léger zéphir parcourant le bocage,
Cherche les roses qu'il chérit ;
L'amant discret qu'Amour conduit,
A la beauté va rendre hommage :
Il est minuit.   (4 fois)

Il est minuit :
Tu dors en paix, mon adorable amie ;
Mais pour moi le repos s'enfuit,
L'amour constant qui m'asservit
Cause ma douce rêverie :
Il est minuit.

Il est minuit :
Songe enchanteur, viens fermer la paupière
Du tendre amant qu'amour poursuit,
Quand le jour vient, il le détruit ;
Adieu bonheur et sa chimère :
Il est minuit.

L'AVEUGLE ET SON CHIEN.

Non loin d'une antique chapelle,
Un pauvre aveugle était assis;
Près de lui faisait sentinelle
Un chien, le meilleur des amis.
Damon passe, son char rapide
Ecrase l'appui du malheur.
Le veillard, au cri de son guide,
Exhale en ces mots la douleur : (bis)

« Si de mon front sexagénaire
» Les rides causaient les dédains,
» Si les lambeaux de la misère
» Blessaient les regards inhumains,
» De mon existence pénible
» Tu pouvais trancher le lien ;
» Mais, dis-moi, jeune homme insensible,
» Dis-moi, que te faisait mon chien ?

» Il veillait sur moi dès l'aurore,
» Présentant sa coupe aux bienfaits ;
» La nuit Médor veillait encore
» Le réduit où je reposais.
» Mon chien était, dans ma détresse
» Mon seul ami, mon seul soutien ;
» Où puis-je traîner ma vieillesse ;
» Jeune homme, regarde mon chien.

» Comme toi, je fus jeune et riche,
» Je montais un coursier fougueux ;
» Mais dans le rang que l'or affiche,
» Je respectais le malheureux.
» Quand un vieillard, sur la poussière,
» De moi réclamait quelque bien,
» Mon cœur soulageait sa misère,
» Et ma main carressait son chien.

» Si quelque jour le sort contraire
» Te réduisait à mendier,
» Si le passant à ta prière
» Refusait un simple denier ;
» Ah! puisses-tu, dans tes alarmes,
» Avoir un Médor pour soutien,
» Et cependant verser des larmes
» De m'avoir privé de mon chien ! »

CORALIE.

A dix-sept ans, la pauvre Coralie,
Disait tout bas à chaque instant du jour :
« Oui, c'en est fait, oui, je fuirai l'amour. »
Fuit-on l'amour quand on est si jolie !

Hylas parut, la bergère attendrie,
En le voyant éprouva du plaisir ;
Elle rougit, mais sans y réfléchir.
Réfléchit-on quand on est si jolie !

Hylas lui dit : « Oh ! ma tant douce amie,
« Daigneras-tu m'accorder un baiser ? »
Elle n'eut pas le cœur de refuser.
Refuse-t-on quand on est si jolie !

Un certain soir, sur la verte prairie,
Elle combla tous les désirs d'Hylas ;
A l'inconstance elle ne pensait pas ;
Y pense-t-on quand on est si jolie !

Bientôt Hylas la quitte pour Sylvie ;
Lors, mes amis, j'ai vu la pauvre enfant,
Donner des pleurs à son volage amant.
Doit-on pleurer quand on est si jolie !

Depuis ce jour, sa figure flétrie,
Perdit, hélas ! moitié de ses attraits ;
Elle souffrit sans se plaindre jamais.
Doit-on souffrir quand on est si jolie !

A dix-huit ans elle perdit la vie.
Sur son tombeau les villageois en pleurs,
Répétaient tous, en le couvrant de fleurs :
Doit-on mourir quand on est si jolie !

LE MATELOT DE BORDEAUX.

C'est dans la ville de Bordeaux
Qu'est arrivé trois beaux vaisseaux ;
Les matelots qui sont dedans,
Ma foi ce sont de bons enfants.

Il y a une dame dans Bordeaux
Qu'est éprise d'un matelot ;
Ma servante, allez-moi quéri
Le matelot le plus joli.

Beau matelot, mon bel ami,
Madame vous envoie quéri,
Montez là-haut, c'est au premier,
Collation vous y ferez.

La collation a duré
Trois jours, trois nuits, sans décesser ;
Mais au bout de trois jours passés
Le matelot s'est ennuyé.

Le matelot s'est ennuyé :
Par la fenêtre a regardé ;
Madam', donnez-moi mon congé,
Il fait beau temps, j' veux m'en aller.

Beau matelot si tu t'en vas,
Bien mal de moi tu parleras.
Tiens, voilà cent écus comptés,
Sera pour boire à ma santé.

Le matelot en s'en allant,
Fit rencontre du président :
Beau président, beau président,
J'ai les écus, je suis content.

Beau matelot, mon bel ami,
Répète-moi ce que t'as dit.
Monsieur, je dis qu'il fait beau temps
Pour aller sur la mer voguant.

Le matelot dans son vaisseau,
S' mit à chanter des airs nouveaux :
Vive les dames de Bordeaux
Qui aiment bien les matelots.

LE MARIN.

Sur l'Océan, j'aime à passer ma vie,
De nos cités, moi je fuis la rumeur ;
Gai matelot, la mer est ma patrie :
   C'est là qu'on trouve le bonheur.
Sur terre, hélas ! la vie est importune,
Oui, je n'y vois que chagrins et tourment.
   Ainsi que sur mon bâtiment,
Gloire, grandeurs, et titres, et fortune,
Autant en emporte le vent. *(bis)*

Dans mes amours j'imite l'hirondelle ;
J'aime très-vite, et cela pour raison ;
A mon objet je puis être fidèle,
   Mais seulement pour la saison.
De lui garder à jamais tendresse,
A mon départ je lui fais le serment ;
   Mais bientôt sur mon bâtiment,
Serments d'amour et serments de maîtresse,
Autant, autant en emporte le vent.

Quand, ballotté par les flots et l'orage,
Notre navire est près de couler bas,

Nous prions Dieu d'apaiser le tapage,
    Et de nous sauver du trépas.
Nous lui jurons d'observer l'abstinence,
De nous priver de tabac du Levant;
    Et quand vogue le bâtiment,
Serments de fous, serments de tempérance,
Autant, autant en emporte le vent.

Un jour, amis, puisqu'il faut que je meure,
Ah ! que du moins ce soit sur mon vaisseau !
Promettez-moi qu'après ma dernière heure,
    La mer deviendra mon tombeau.
Ne cherchez pas de menteuse épitaphe ;
Qu'un gros requin soit mon seul monument
    Un regret sur le bâtiment.
Mais pas de pleurs, pas de deuil, d'épitaphe,
Autant, autant en emporte le vent.

LA MUETTE DE PORTICI.

BARCAROLLE.

Amis, la matinée est belle,
Sur le rivage assemblez-vous.
Montez gaîment votre nacelle,
Et des vents bravez le courroux.
Conduis ta barque avec prudence,
    Pêcheur, parle bas,
  Jette les filets en silence ;
    Pêcheur, parle bas,
Le roi des mers ne t'échappera pas.   (bis)

L'heure viendra, sachons l'attendre ;
Plus tard nous saurons la saisir.
Le courage fait entreprendre,
Mais l'adresse fait réussir.
Conduis ta barque avec prudence,
  Pêcheur, parle bas,
 Jette tes filets en silence ;
  Pêcheur, parle bas,
Le roi des mers ne t'échappera pas.

Pêcheur, sur la mer orageuse,
Brave la mort et le destin ;
Pour une action périlleuse,
Vogue sans peur, en vrai marin.
Conduis ta barque avec prudence,
  Pêcheur, parle bas,
 Jette tes filets en silence ;
  Pêcheur, parle bas,
Le roi des mers ne t'échappera pas.

Ne redoute pas la baleine,
Le temps est calme, il faut partir ;
Si la conquête est incertaine,
Brave, ne crains pas de mourir.
Conduis ta barque avec prudence,
  Pêcheur, parle bas,
 Jette tes filets en silence ;
  Pêcheur, parle bas,
Le roi des mers ne t'échappera pas.
      Scribe.

CHANSONS
ET ROMANCES NOUVELLES.

LE CONVOI DU PAUVRE.

Le pauvre a, dans sa vie obscure,
Du vrai sage la douce paix ;
Sa joie est toujours franche et pure,
Et ses plaisirs sont toujours vrais ;
Aucun importun ne l'assiége,
Il vit tranquille et meurt content,
Il meurt, et n'a pour tout cortége,
Qu'un chien qui le suit en pleurant. (bis)

L'homme riche, au siècle où nous sommes
Ne fait souvent que des ingrats
C'est un malheur que chez les hommes,
Le pauvre seul ne connaît pas ;
Du peu de bien qu'il a pu faire
Il trouvé un cœur reconnaissant
Et lorsqu'il finit sa carrière,
Son chien le suit en gémissant.

Des amis de son opulence
Le riche est bientôt oublié

Il perd tout avec l'existence,
Là finit pour lui l'amitié ;
Le chien du pauvre qui succombe,
Des bons cœurs modèle touchant,
Viendra mourir près de la tombe
De l'ami qu'il suit en pleurant.

A MES VOISINES.

Air *du Protecteur.*

Filles du voisinage,
Venez à mes chansons ;
Au printemps de votre âge,
   Que leur langage
Donne quelques leçons.

L'hiver, au front de glace,
Fuit loin de nos climats,
Les beaux jours à sa place
Protègent nos ébats ;
Leur été chérie,
Pour les amours discrets,
Offre dans la prairie,
Gazons riants et frais.
Filles, etc.

Dans la grange en cachette,
Quand un berger galant,
Sur votre main blanchette,
Pose un baiser brûlant,
Il provoque en votre âme
Le plus ardent désir ;
Souriez à sa flamme,
Connaissez le plaisir.
Filles, etc.

N'imitez point la prude
Qui dédaigne un amant,
Cherchez la solitude
Près d'un ami constant.
Foulez l'herbe nouvelle
Par l'amour emporté,
C'est là ce qu'on appelle
La douce volupté.
Filles, etc.

La nature fertile
Vous donne mille attraits,
Sachez donc rendre utile
Un semblable bienfait ;
Au mortel qui vous presse
Prodiguez vos faveurs ;
Une seule caresse
Électrise deux cœurs.
Filles, etc.

Voyez naître une rose
Au matin d'un beau jour,
Souvent, à peine éclose,
Elle meurt à son tour.
De cette fleur nouvelle,
Las, nul n'a pu jouir !
A nos cœurs, ainsi qu'elle,
Le temps peut vous ravir.

Filles du voisinage,
Venez à mes chansons ;
Au printemps de votre âge,
Que leur langage
Donne quelques leçons.

LE VIEIL ÉPICURIEN.

Air : *Le lon, lan la.*

« Allons, septuagénaire,
» Descends, me dit Atropos ;
» Eh ! laissez-moi sur la terre,
» J'y goûte un si doux repos ;
» Files, files la vieille mère ;
    » Lâchez un cran ;
    » Encore un an ! »

L'année à peine écoulée,
La Parque, avec ses ciseaux,
Mais, formant une mêlée
De ses nombreux écheveaux,
Je prends sa main noire et pelée,
 Qui lâche un cran ;...
 Encore un an !

« Peux-tu tenir à la vie,
» Courbé sous des cheveux blancs ? »
« Près d'une femme jolie
» Je me crois à mon printemps ;
» Ah ! laissez-moi ma rêverie !
 » Lâchez un cran ;
 » Encore un an ! »

« Tu n'es plus rien sur la terre. »
« Je suis enfant du caveau ;
» J'y chante, en vidant mon verre,
» Vieux tenson, refrain nouveau ;
» Quelquefois même j'ose en faire...
 » Lâchez un cran ;
 » Encore un an ! »

« Peux-tu croire qu'à ton âge
» On gravisse l'Hélicon ? »
« Qui, moi ? je reste à l'ombrage
» Qu'on trouve au bas du vallon
» J'y suis à l'abri de l'orage;
 » Lâchez un cran ;
 » Encore un an ! »

» Tu n'écris que des vétilles ;
» File, allons, vieux radoteur ! »
« Voyez donc ces jeunes filles
» Sourire à leur vieux conteur ;
» Encore un an, mais sans béquilles,
   » Lâchez un cran ;
   » Encore un an ! »

« C'est lasser ma patience ;
» Allons, il faut déguerpir... »
« D'un remords de conscience
» Je voudrais bien m'affranchir ;
» Laissez-moi faire pénitence !
   » Lâchez un cran ;
   » Encore un an ! »

« L'Éternel te fera grâce ;
» Aux cieux monte, mon ami ! »
« J'ignore ce qui s'y passe ;
» Et je suis si bien ici
» J'y tiens, hélas ! si peu de place...
   » Lâchez un cran ;
   » Encore un an ! »

» Deviens donc octogénaire :
» Alors tu seras content. »
« Quand je serais centenaire,
» Je dirais en chevrotant ;
» Fi... fi... filez, la... la... vieille mère »
   » Là... lâchez un... cran ;
   » En... en... encore un an ? »

LE BON GARÇON.

Air : *Toto, Carabo.*

Il est une personne
Que l'on aime partout,
Et surtout
Lorsqu'en hiver on donne
Un de ces gais soupers
Si vantés,
Dans lesquels on rit
Sans art, sans esprit,
Pour trouver le vin bon ;
C'est ce que l'on
C'est ce que l'on
Appelle un bon garçon.

A sa douce parole
S'envolent les soucis
Des amis
Que toujours il console
En écartant au loin
Le témoin
Qui serait de trop
Par ses sots propos,
Pour une âme grognon ;
C'est ce que l'on
C'est ce que l'on
Appelle un bon garçon.

Il aime la fillette
Et ne dédaigne pas
  Les appas
De la jeune brunette
Qui, le trouvant joli
  Lui sourit,
 Puis en conquérant,
 Près de la maman,
Il cherche son pardon,
  C'est ce que l'on
  C'est ce que l'on
Appelle un bon garçon.

Homme d'un grand mérite,
Il se prétend pourtant
  Sans talent,
Et quand un gueux mérite
Un profond châtiment,
  Il défend
 Par pure bonté
 Cet être éhonté
Qui fait le fanfaron ;
  C'est ce que l'on
  C'est ce que l'on
Appelle un bon garçon.

Prêt à rendre service
Aux gens ayant besoin
  De ses soins,
Il est sans artifice
Et vous dit vos défauts
  S'il le faut,

Non pour vous fâcher,
Mais vous engager
A priser la leçon ;
   C'est ce que l'on
   C'est ce que l'on
Appelle un bon garçon.

Prenant fort bien la vie,
Le héros de mon chant
   Est charmant,
Et jamais il n'oublie
Que pour vivre gaîment
   Ses cent ans,
   Il faut s'amuser,
   Et surtout vider
De grands et vieux flacons ;
   C'est ce que l'on
   C'est ce que l'on
Appelle un bon garçon.

ÉDOUARD DE LA BARRE.

APPROCHE-TOI !

CHANSON.

Air : *Pourquoi pleurer ?*

Approche-toi ! (*bis*)
Mon Aglaure, plus de caprice ;

Quoi, tu boudes auprès de moi !
C'est là de l'injustice.
Approche-toi ! (*bis*)

Approche-toi !
Il est si doux de vivre ensemble,
Tu souffres presque autant que moi.
Viens, qu'amour nous rassemble ;
Approche-toi !

Approche-toi !
Chasse la triste jalousie.
Ma chère, tu seras pour moi,
Toujours la plus jolie !
Approche-toi !

Approche-toi !
Me dit à son tour, mon Aglaure,
Quand je la presse contre moi,
Sa voix bégaye encore :
Approche-toi !

JUSTIN CABASSOL.

LE MYOSOTIS.

Air : *Il pleut bergère...*

Une jeune fillette,
Sur le bord d'un ruisseau,
Rêvant un jour seulette,
Aux plaisirs du hameau ;
Folâtre et jeune encore ;
Mais fidèle à l'amour,
De l'amant qu'elle adore,
Attendait le retour.

Las ! amant infidèle,
Il avait bien promis,
De se rendre auprès d'elle,
Quand le *Myosotis*,
Enfant de la prairie,
Livrerait au zéphyr
Sa pétale fleurie ;
Mais il allait mourir !

Sa tige languissante,
Sur l'onde s'abaissait ;
Et la tendre innocente,
De ses pleurs l'arrosait ;
Quand l'humide Naïade,
Eut pitié de son sort,
La changeant en cascade,
La ravit à la mort.

Près de son onde pure,
  L'humble myositis croît ;
Et la vogue murmure,
Souvenez-vous de moi ;
Puis la simple bergère,
En menant son troupeau,
De sa voix solitaire,
  Le répète à l'écho.

CHANSONNETTE.

Les hommes perdent la raison ;
Les hommes n'ont plus de justice ;
Les hommes croient au blason ;
Les hommes n'aiment que le vice ;
Les hommes ne sont plus amis ;
Les hommes sont toujours en guerre ;
Les hommes paraissent soumis ;
Les hommes sont rois sur la terre.

Les femmes feignent la candeur ;
Les femmes ne sont plus fidèles ;
Les femmes n'ont plus de pudeur ;
Les femmes troublent nos cervelles ;
Les femmes sont de vrais démons ;
Les femmes sont capricieuses ;
Les femmes ont cent mauvais tons ;
Les femmes sont délicieuses.

Les garçons n'aiment qu'à tromper ;
Les garçons n'aiment qu'à séduire ;
Les garçons veulent dissiper ;
Les garçons veulent s'introduire ;
Les garçons ne sont pas heureux ;
Les garçons se vantent de l'être ;
Les garçons font les doucereux ;
Les garçons ont l'esprit bien traître.

Les filles ont le cœur joyeux ;
Les filles répandent des larmes ;
Les filles vous parlent des yeux ;
Les filles plaisent par leurs charmes ;
Les filles trompent leurs amans ;
Les filles contrefont le monde ;
Les filles trompent leurs mamans ;
Les filles trompent tout le monde.

A LA GRACE DE DIEU.

Tu vas quitter notre montagne
Pour t'en aller bien loin, hélas !
Et moi ta mère et ta compagne,
Je ne pourrai guider tes pas ;
L'enfant que le ciel vous envoie,
Vous le garder, gens de Paris ;
Nous, pauvres mères de Savoie,
Nous la chassons loin du pays ;

En lui disant adieu,
 A la grâce de Dieu,
Adieu, à la grâce de Dieu.

Ici commence ton voyage ;
Si tu n'allais pas revenir !
Ta pauvre mère est sans courage
Pour te guider et te bénir :
Travaille bien, fais ta prière :
La prière donne du cœur,
Et quelquefois pense à ta mère,
Cela te portera bonheur ;
 Va, mon enfant, adieu,
 A la grâce de Dieu,
Adieu, à la grâce de Dieu.

Elle s'en va, douce exilée,
Gagner son pain sous d'autres cieux ;
Bien loin, bien loin, dans la vallée,
Sa mère la suivit des yeux ;
Mais lorsque la douloureuse mère
N'eut plus sa fille pour témoin,

L'enfant lui criait de loin :
 Ma bonne mère, adieu,
 A la grâce de Dieu,
Adieu, à la grâce de Dieu.

LA PATROUILLE, OU GARDE A VOUS!

Dans la Fiancée, opéra-comique.

Garde à vous! garde à vous!
Avançons en silence,
Sur mes pas marchez tous;
Garde à vous! garde à vous!
Veillons d'un pas docile
Au repos de la ville;
Et vous, adroits filoux,
Nous voici, garde à vous!
Nous voici, garde à vous!

Garde à vous! garde à vous!
Bourgeois, gens de boutique
Qui mettez par rubrique,
A minuit les verroux;
Garde à vous! garde à vous!
Le devoir nous commande
De vous mettre à l'amende
Si vous ne filez doux !
Nous voici, garde à vous

Garde à vous! garde à vous!
Séducteurs qui sans crainte,
La nuit portez atteinte
Au repos des époux,

Garde à vous ! garde à vous !
Et vous jeune fillette,
Qui le soir en cachette,
Donnez des rendez-vous,
Nous voucí, garde à vous !

Garde à vous ! garde à vous !
Tapageurs en ribote
Qui roulez dans la crotte,
Et faites les cent coups ;
Garde à vous ! garde à vous !
Mari digne de blâme,
Qui battez votre femme
Pour des soupçons jaloux :
Nous voici, garde à vous !

LA CANCANNIÈRE.

Air : *Des gueux* (de Béranger).

Q' j'aim' les cancans,
Qu' c'est divertissant,
Dieu, qu' c'est amusant
D' fair' des cancans !

Comme j'ai de la mémoire,
Sans trop faire de hoquets,
J' savons broder une histoire,
J' savons faire des caquets.
    Q' j'aim' les cancans, etc.

Quand margot la ravaudeuse
S' fait r' mailler par son cousin,
Si j' frappe, elle fait la dormeuse ;
J' vas l' raconter cheux l' voisin.
    Q' j'aim' les cancans, etc.

Notr' lingèr', qui s' dit d'moiselle,
R'çoit en s'cret son épicier,
Qui lui fournit d' la chandelle
Pour mettr' dans son chandelier.
    Q' j'aim' les cancans, etc.

Goton, la gross' mat'lassière,
L'autr' jour cardant son mat'las,
Agaçait le p'tit Jean-Pierre,

Honteux, qui n' lui faisait pas...
    Q' j'aim' les cancans, etc.

Léontine, la modiste,
Dit qu'ell' n'aim' pas l' s'amoureux,
Et, l'autr' jour, un p'tit artiste
S'enlaçait dans ses cheveux.
    Q' j'aim' les cancans, etc.

Hier, Babet la cuisinière,
Qui s' dit un' chaste vertu,
S' faisait par l'apothicaire...
Donner un bouillon pointu.
    Q' j'aim' les cancans, etc.

Lison, la fièr' blanchisseuse,
Me r'semble, elle aime à jaser,
Mais sa chaude repasseuse
Aime bien mieux repasser.
    Q' j'aim' les cancans, etc.

Claudine, la papetière,
Dit qu'ell' n'aim' pas le cochon,
Et l' charcutier, en arrière,
Lui r'pass' de son saucisson.
    Q' j'aim' les cancans, etc.

Quand j' vois s' faire un mariage
Ça m' donn' beaucoup à penser;
Aussi, dans tout l' voisinage,
On n'entend qu' moi jacasser.
    Q' j'aim' les cancans, etc.

LES FLONS FLONS.

Air connu.

Amis, comme nos pères
Chantons de gais couplets ;
Jadis, sous leurs bannières,
On n'entendait que des...
Flons, flons, flons, lariradondaine,
    Gai, gai, gai,
    Lariradondé.

Ovide, pour Julie,
Avait fait l'art d'aimer ;
Son élève chérie
Sut aussi lui donner
    Son flon, flon, etc.

Un fils de la victoire
Aux exploits peut courir ;
Moi, je borne ma gloire
A savoir conquérir...
    Un flon, flon, etc.

Jouissons de la vie,
Livrons-nous aux amours ;
Car à fille jolie,
On ne fait pas toujours
    Flon, flon, flon, etc.

Catin dit à Grégoire :
Hélas ! le vin t'endort ;
Quand tu viens de boire
Je trouve toujours mort
   Ton flon, flon, etc.

Les nonnettes gentilles,
Dans leurs tristes couvents,
Savent, malgré les grilles,
Faire, de temps en temps,
   Flon, flon, flon, etc.

A mon heure dernière
Me trouvera la mort,
Faisant à ma bergère,
Dans mon dernier transport,
Flon, flon, flon, lariradondaine
   Gai, gai, gai,
   Lariradondé.

L'OMELETTE.

Air : *J'arrive à pied de province.*

Qu'un autre travaille et lime
   Son vers contourné,
Moi je foule aux pieds la rime
   Quand je suis gêné :
Souffrez que je vous répète

Un dicton bien vieux :
On ne fait pas d'omelette
Sans casser des œufs.

C'est lorsque le feu pétille
Au bruit du soufflet,
Qu'on voit briser la coquille
Du pauvre poulet :
Comme il n'est pas de goguette
Sans l'aï mousseux,
On ne fait pas d'omelette
Sans casser des œufs.

Pour seconder la nature
S'il tombe un peu d'eau,
On tremble pour sa chaussure
Ou pour son chapeau.
Que fait au ciel la toilette
De nos merveilleux ?
On ne fait pas d'omelette
Sans casser des œufs.

Des émeutiers de la rue
Détournons nos pas,
La garde est souvent bourrue
Et ne se rend pas :
Quand sur eux elle se jette,
Gare aux curieux ;
On ne fait pas d'omelette
Sans casser des œufs.

Pour qu'ils ne mordent personne,
　　L'été, je comprends
Que le préfet empoisonne
　　Tous les chiens errants ;
S'ils mangent une boulette,
　　C'est tant pis pour eux ;
On ne fait pas d'omelette
　　Sans casser des œufs.

L'Amour depuis sa naissance
　　Est un dieu trompeur,
Qui souvent de l'innocence
　　Causa le malheur ;
Ferme ta porte, fillette,
　　A tes amoureux ;
On ne fait pas d'omelette
　　Sans casser des œufs.

L'État qui n'est pas tranquille
　　Prend des millions
Pour garantir notre ville
　　Des invasions ;
Il augmentera sa dette,
　　Ça n'est pas douteux ;
On ne fait pas d'omelette
　　Sans casser des œufs.

Bonaparte, le grand homme,
　　Disait aux Français :
« Demain il faut que j'assomme
　　Le Russe et l'Anglais ;

10

Qu'aucun de vous ne regrette
　　Ses fils, ses neveux ;
On ne fait pas d'omelette
　　Sans casser des œufs. »

On n'a pas de matelotte
　　Sans poisson ni vin ;
On n'a pas de gibelotte
　　Sans lièvre ou lapin ;
On n'a pas de vinaigrette
　　Sans veaux, ni sans bœufs
On ne fait pas d'omelette
　　Sans casser des œufs.

Comme un écrivain qu'on vante
　　Sur cet impromptu
J'ai consulté ma servante,
　　Qui m'a répondu :
« Ce que dit vot' chansonnette
　　Est judicieux,
On ne fait pas d'omelette
　　Sans casser des œufs. »

　　　　　　Évariste Désaugiers.

LE BON CURÉ.

Air : *Tout le long de la rivière.*

De profundis pour mon curé,
Car je l'ai toujours vénéré :
Amis, d'abord sachez en somme
Que ce curé fut un bon homme,
Et qu'il fêtait les plus grands saints
En chantant les plus gais refrains.
Il répétait bien souvent à sa table :
Buvons, mes enfants, de ce vin délectable.
Que Dieu lui pardonne, il fut bon diable.

Par sa gaîté, le bon pasteur
Nous mettait tous en bonne humeur.
A l'innocente, à la dévote,
Jusqu'à la plus vieille bigote,
Il faisait chanter des chansons
Qu'on répétait sur tous les tons.
Je l'entendais, ce curé respectable,
Dire : rendons-nous l'existence agréable,
Que Dieu lui pardonne, il fut bon diable.

Après sa messe, le saint jour,
Du village il faisait le tour :
Venez, venez dans la prairie,
Nous disait-il ; que chacun rie,
Et, sur le temps qu'on doit à Dieu,

Coupons, pour nous distraire un peu,
Dans cette vie, enfants, rien n'est durable ;
Mais le plaisir peut la rendre supportable.
Que Dieu lui pardonne, il fut bon diable.

Réunis au pied du coteau,
Il entonnait un gai rondeau ;
Lui-même en commençait la danse,
En marquait le pas, la cadence ;
Femmes, filles, maris, garçons,
Tous alors dansaient aux chansons.
Oui, c'est bien là le bonheur véritable,
Disait-il encore avec un air affable.
Que Dieu lui pardonne, il fut bon diable.

Avec quel plaisir il faisait
Un mariage, ou baptisait.
Toujours le premier à la fête,
Il la conduisait à sa tête,
Et, pour terminer le festin,
Célébrait la chère et le vin.
Puisqu'ici-bas le sort est variable,
Un petit péché n'est pas un cas pendable.
Que Dieu lui pardonne, il fut bon diable.

La mort, hélas ! nous le ravit,
Mais dans tous les cœurs il revit ;
On sait encor dans le village
Ses chansons et son badinage ;
Enfin, songeant aux jours heureux,
Pour son repos l'on fait des vœux.

Oh ! qu'on l'aimait cet homme respectable,
Mais son souvenir nous reste impérissable.
Que Dieu lui pardonne, il fut bon diable.

●●●●●●●●●●●●●●●●●●●●●●●●●●●●●●●●●

LE VIEUX MÉNÉTRIER.

Le bon ménétrier Thomas,
Un peu rouillé par l'âge,
Sur son instrument ne plaît pas
Aux filles du village...
De l'indulgence, mes enfants,
Leur redit-il sans cesse ;
Peut-on jouer à soixante ans
Comme dans sa jeunesse ?

Jadis, au temps de mes amours,
A l'ombre du vieux chêne,
Fallait-il jouer tous les jours,
Ah ! je jouais sans peine ;
Mais mon bras, qui n'est plus nerveux,
Vainement se démanche,
Et c'est tout au plus si je peux
Jouer chaque dimanche.

Chaque dimanche est trop, vraiment,
Car, aimable bergères,
J'ai gâté le seul instrument
Qui fit danser vos mères.
Je n'avais que ce petit bien,
Et jamais, triste apôtre,
Je n'ai pu trouver le moyen
D'en acheter un autre.

L'HEUREUSE SURPRISE.

Air : *On dit que je suis sans malice.*

Un troubadour, qu'amour décharne,
Ainsi chantait à sa lucarne :
« Que de Babet le cœur est dur !
» Depuis deux ans, je le convoite,
» Il n'est pas sûr que je l'exploite !...
» Ah ! j'en mourrai, pour ça, c'est sûr !

» D'un vain espoir l'âme bercée
» Encor, la semaine passée,
» Je croyais être son futur,
» Mais son sang-froid me déconcerte,
» Et je maigris en pure perte !...
» Ah ! j'en mourrai, pour ça, c'est sûr !

» Quand, près de l'objet de ma flamme,
» Je m'efforce, en tâtant son âme,
» A lire dans ses yeux d'azur...
» Faut-il le dire ?... à chaque pause,
» J'y vois du bleu, pas autre chose !
» Ah ! j'en mourrai, pour ça, c'est sûr !

» J'ai vu mon Azor dans la rue,
» Avec une chienne inconnue,
» Satisfaire un amour impur ;
» Et moi, dont le cœur est honnête,

» Je suis moins heureux que ma bête !
» Ah ! j'en mourrai, pour ça, c'est sûr !

» Mais, que vois-je dans la gouttière ?...
» C'est la chatte de la fruitière,
» Qui parle d'amour sur le mur,
» Dieux, comme mon matou s'en donne,
» Tandis que Babet m'abandonne,
» Ah ! j'en mourrai, pour ça, c'est sûr... »

A ces mots, Babet, la lutine,
Était entrée à la sourdine,
A la faveur d'un clair-obscur,
Le troubadour en fait sa femme,
Et chante, sur une autre gamme,
« Ah ! j'en mourrai... pour ça, c'est sûr ! »

LES SUPPOSITIONS.

Air : *Urlurette, ma tante Urlurette.*

Supposons que du poison
Dont il trouble ma raison,
L'amour vous glisse une dose,
   Je suppose, (bis)
  Irma, je suppose.

Qu'en proie à douce langueur,
Nonchalamment sur mon cœur
Votre tête se repose :
    Je suppose,
  Irma, je suppose,

Que, tout brûlant de désirs,
Je rêve à d'autres plaisirs,
Que vous ignorez pour cause
    Je suppose,
  Irma, je suppose,

Que pour étouffer vos cris,
Sur vos lèvres de Cypris,
Ma bouche avide se pose :
    Je suppose ;
  Irma, je suppose.

Que, non content d'un larcin,
Sous la gaze de ton sein
J'effleure un bouton de rose :
    Je suppose,
  Irma, je suppose.

Que tu repousses ma main :
Mais au doux serment d'hymen
Tu me permets autre chose..
    Je suppose,
  Irma, je suppose.

Qu'aux transports de ton amant
Tu résistes mollement,
Plus tu faiblis, et plus j'ose.
    Je suppose,
  Irma, je suppose.

Qu'au dernier cri de douleur,
Je suis maître de la fleur
Qui pour moi seul est éclose :
    Je suppose,
  Irma, je suppose.

Que, pour calmer tes remords,
Je fais de nombreux efforts,
Toujours suivis d'une pause...
    Je suppose,
  Irma, je suppose.

Qu'enfin il faut s'abstenir
Lorsqu'on ne peut obtenir
Certaine métamorphose.
    Je suppose,
  Irma, je suppose.

LA MARRAINE,

Air : *La boulangère.*

Marraine, qui nous instruisez
Dès l'moment où nous sommes ;
Rien qu'à l'tenir vous qui prisez
L'cœur de messieurs les hommes
J'suis en âge d'avoir un amant,
Dites-moi donc, ma marraine,
   Comment,
Comment qu'y faut qu' je l'prenne?

J'vois deux morveux qui m'font la cour,
   Se frotter à ma jupe ;
L'un a l'nez long, l'autre a l'nez court,
   E' c'est là c'qui m'occupe ;
Ces deux morveux sont bien tournés ;
Dit's-moi donc, ma marraine?
   Est-ce au nez,
Au nez qu'y faut qu'je l'prenne?

L'un est roux, dur et sournois,
   Tout frais v'nu de sa province,
Qui n'me fait rien qu'en tapinois,
   Qui m'chatouille et qui m'pince ;
Dur comme il est, c'est un homm'sûr

Dit's-moi donc, ma marraine,
    Est-c'le dur,
Le dur qu'y faut que j'prenne!

L'autre est un brun, bien droit,
    Plein d'esprit et de bravoure;
Otez-lui la main d'un endroit,
    Dans un autre endroit il la fourre
Dru comme il est, j'aurais d'son cru;
Dit's-moi donc, ma marraine,
    Est-c'le dru,
Le dru qu'y faut que j'prenne?

L'un n'est pas plus haut que cela.
    Mais il n'lui faut d'aide;
Quand je l'tiens dans ces cinq doigts là;
    Jarni, comme il est raide!
Tout p'tit qu'il est, ça me divertit
Dit's-moi donc ma marraine,
    Est-c'le p'tit,
Le p'tit qu'y faut que j'prenne?

L'autre est si gros, que je ne crois point
    Que par ma porte il passe;
Mais rien n'lui sied comm'l'embonpoint,
    Car jamais y n'se lasse;
Gros comme il est, ça n'a pas d'os.
Dit's-moi donc, ma marraine,
    Est-c'le gros,
Le gros qu'y faut que j'prenne?

Le choix vous semble embarrassant,
J'en juge à vot'silence ;
Vot'filleule a l'cœur innocent,
C'est c'qui fait qu'ell'balance.
Pour n'pas fait' de choix hasardeux,
Dit's-moi donc, ma marraine,
Est-c'les deux,
Les deux qu'y faut que j'prenne

de BÉRANGER.

L'HISTOIRE DE MARGOT.

Air : *Allez-vous-en gens de la noce.*

Margot, au printemps de son âge,
Me charma quand je l'aperçus :
Qu'il était joli son visage !
Dieux ! que ses reins étaient cossus !
On pressentait la fille accorte
Sous la guimpe de calicot.....
Leste bientôt,
Ma main, au trôt,
Sut tâter ses... enfin n'importe :
Je ne peux pas trouver le mot !

Il est une fleur qui se brise
Dans le premier choc amoureux,

Margot, étant de bonne prise,
Un soir je lui montre mes... feux.
Puis, dans l'ardeur qui me transporte,
En livrant le plus rude assaut
     Heureux maraud,
      Tout aussitôt,
Je lui prends son... enfin n'importe :
Je ne peux pas trouver le mot !

Une maman, forte en prudence,
Quand sa fille fait un faux pas,
Survient comme une providence
Pour replâtrer son embarras.
L'amant qui crochета la porte
Voit l'époux entrer tout de go :
     Un maître sot
      Prend la Margot.
Elle le fit... enfin n'importe,
Je ne peux pas trouver le mot !

Margot, que la chair aiguillonne,
Change souvent de corbillon ;
Près des galants, notre friponne
Frotte son leste cotillon,
Son mari jamais ne s'emporte
Lorsque l'amour le fait capot :
     Notre Bonnaud
      Reste penaud.
C'est un vrai Jean... enfin n'importe
Je ne peux pas trouver le mot !

Margot devient veuve, elle pleure ;
Soudain, un beau tambour-major
La console dans sa demeure,
Avec sa canne à pomme d'or.
La belle se dit : je suis forte,
Eût-il deux mètres de haut,
    Ce jonc bientôt
    Sera mon lot,
J'ouvrirai mon... enfin n'importe,
Je ne peux pas trouver le mot !

Avec le temps tout se détraque,
Avec le temps tout s'élargit :
Un frais tendron devient patraque,
Le plus petit trou s'agrandit.
Afin de pouvoir de la sorte,
Boutonner ce qui s'ouvre trop,
    Dame Margot
    Coud comme il faut,
Pour rétrécir... enfin n'importe ;
Je ne peux pas trouver le mot !

Bons auditeur au front pudique,
De Margot c'est l'histoire au net ;
Je la donne comme authentique,
Car tout le quartier la connaît.
Si quelqu'un, le diable m'emporte !
Suspectait ce récit falot,

Je dirais tôt
A ce grimaud :
Allez vous faire !... enfin n'importe !
Je ne peux pas trouver le mot!

●●●●●●●●●●●●●●●●●●●●●●●●●●●●●●●●●●●●

VIVE L'ANCIEN.

Air : *Pour étourdir le chagrin.*

Pour couronner un festin,
Nos pères,
Ces gais trouvères,
Par un aimable refrain
Mettaient tout le monde en train.

Je me sens bien plus dispos
A rire, chanter et boire,
Lorsque de joyeux propos
Animent un réfectoire.
Pour couronner, etc.

De Collé, Gallet, Panard,
Tâchons de suivre les traces :
Leur ton assez égrillard
N'effarouchait point les grâces.
Pour couronner, etc.

Si j'entends, dans un salon,
Roucouler une romance,
Il me semble qu'Apollon
Me verse de l'abondance.
Pour couronner, etc.

Qand je suis plein comme un œuf,
Pour digérer, quoi qu'on dise,
J'aime assez d'un vieux pont-neuf
La populaire franchise.
Pour couronner, etc.

J'aime la mère Camus,
J'adore Cadet-Rousselle,
Et l'ami Pierrot confus
De voir morte sa chandelle.
Pour couronner, etc.

Il n'est pas juqu'à Malbrough,
Qui d'aise ne me ravisse,
Et je ris encore beaucoup
A Monsieur de la Palisse.
Pour couronner, etc.

Par son joyeux mirliton,
Un heureux berger réveille
La petite Jeanneton
Qui sur sa gerbe sommeille.
Pour couronner, etc.

Madame et Monsieur Denis,
Ou bien encor la Vestale,
De nos bravos réunis
Ébranleraient cette salle.
Pour couronner, etc.

Je me sens tout en émoi
A cet air : *Il pleut bergère*
Et je danse malgré moi,
En chantant *la boulangère*,
Pour couronner, etc.

Chacun se trouve attristé
Par la chanson politique,
Pour nous rendre à la gaîté,
Vive le refrain bachique !
Pour couronner, etc.

Si parfois un amateur
Contre nos chants se récrie,
C'est qu'il leur manque l'honneur
D'un orgue de barbarie.
Pour couronner, etc.

D'être souvent incomplets
Aux anciens on fait un crime.
Eh ! pourquoi ?... dans les couplets
Le trait vaut mieux que la rime.
Pour couronner, etc.

Du vieux Caveau les leçons
Doivent être héréditaires,
En les suivant, nos chansons
Redeviendront populaires.

Pour couronner un festin,
Nos pères,
Ces gais trouvères,
Par un aimable refrain,
Mettaient tout le monde en train.

F. de Calonne.

QUELQUE CHOSE.

Air : du curé de Pompone.

Nous chanterons encor longtemps :
La gaîté nous inspire ;
Nous avons vu de tous les temps
Quel était son empire.
Notre bouche pour les chansons
Jamais ne sera close,
Et tant que nous vivrons
Nous aurons
A chanter quelque chose.

Dans tous les ouvrages nouveaux
Combien de verbiage,
Qui sert à remplir nos cerveaux

D'argot du bas étage!
Les lire en entier quel effroi!
J'en deviendrais morose.
   Lecteurs, faites, ma foi,
      Comme moi,
  Passez-en quelque chose.

Une fleur périt au printemps,
Faute d'être arrosée ;
Mais elle renaît dans les champs,
Quand tombe la rosée.
Fille à quinze ans pour les plaisirs
Est fleur à peine éclose :
  Pour calmer ses désirs,
    Ses soupirs,
  Il lui faut quelque chose.

Le mariage est entre nous
Une épreuve fort rude ;
L'indulgence entre les époux
Doit être une habitude,
Et de se montrer généreux
Leur devoir se compose ;
    Bienheureux
  Quand on peut, deux à deux,
  Se passer quelque chose.

Qu'il soit ou non grand orateur,
Ce tribun va se faire
L'infatigable défenseur
Du nouveau ministère.
Puis il en reçoit chaque jour

Le vote qu'il dépose.
　Moi je dis sans détour
　　Que c'est pour
　Obtenir quelque chose.

Durant trois mois j'ai pourchassé
Gentille damoiselle,
Qui pendant ce temps n'a cessé
De faire la cruelle.
A force d'amour, à la fin
Je lui ravis sa rose !
　Et dis le lendemain :
　— « C'est certain,
　» J'ai gagné quelque chose. »

A quelques-uns de mes amis
Lorsque je rends visite,
Souvent je les trouve sortis ;
Leur femme est seule au gîte.
Sur mon honneur je suis ravi
Lorsqu'elle me propose,
　Loin des yeux d'un mari
　　Tant chéri,
　De prendre quelque chose.

Avec vous, joyeux chansonniers,
J'aime à chanter et rire,
Je prends la vigne pour lauriers,
Un verre pour ma lyre.
De mon plaisir à l'unisson
Pour mieux doubler la dose,

Daignez dans ma chanson,
Sans façon,
Applaudir quelque chose.
GAGNEUX.

LE GROS NEZ,

Air : *Tôt, tôt, Carabo.*

Il existe un digne homme
Pourvu d'un nez charnu,
Bien venu.
Partout on le renomme,
C'est à qui le cita
Le vanta ;
De ce bel objet,
Quiconque parlait,
Plein la bouche en avait !
Que les gros nez
Sont bien imaginés !

Sur la forme étonnante
De ce point culminant,
S'il apprend
Que quelqu'un le plaisante,
Il prouve que jamais
Un Français,

Bien qu'humilié,
Ou pris en pitié,
Ne se mouche du pié.
   Que les gros nez
Sont bien imaginés !

Si l'on en croit l'adage,
Jamais un nez bien gros,
   Bien dispos,
N'a gâté beau visage ;
Il place donc bien haut
   Un tel lot ;
Et puis il prétend
Que l'amour aidant,
Tout est à l'avenant...
   Que les gros nez
Sont bien imaginés !

Sa femme assez habile
De le mener par là
   Essaya.
Ça paraissait facile,
Mais il a le nez fin,
   Le malin,
Et quand un amant
Près d'elle est rôdant,
De très loin il le sent...
   Que les gros nez
Sont bien imaginés !

Quand la soif l'aiguillonne,
Il boit modérément,
Et pourtant
Bientôt son nez trognonne;
Mais il s'en applaudit,
Car il dit
Que pour aucun prix
Nul n'aurait acquis
Un semblable rubis.
Que les gros nez
Sont bien imaginés !

Sur tous les nez du monde,
Le sien, dans un repas,
A le pas.
Une lieue à la ronde
Il juge d'un traiteur
A l'odeur ;
Il sait où l'attend
Un dîner friand,
Rien qu'en flairant le vent !
Que les gros nez
Sont bien imaginés !

Sa vaste tabatière
Contient six quarterons,
J'en réponds...
Si bien qu'à la barrière
On le croit un fraudeur ;
Quelle erreur !...
En voyant son nez,

Les agents damnés
Ne sont plus étonnés,...
Que les gros nez
Sont bien imaginés !

Du temps qu'il fit la guerre,
Son nez par l'ennemi
Fut roussi,
Mais dans plus d'une affaire,
Remplaçant un lambeau
De drapeau,
Son nez fut souvent,
Pour son régiment,
Un point de ralliement !...
Que les gros nez
Sont bien imaginés !

Le jour où la camarde
Viendra pour l'avertir
De partir ;
our peu qu'elle y regarde,
lle respectera
Ce nez-là ;
La peur la prendra,
Au bruit qu'il fera
Quand il éternûra !...
Que les gros nez
Sont bien imaginés !

Auguste Giraud

LA FEUILLE A L'ENVERS.

Air : *Quand l'hiver sera venu* (Mme Fleury).

Sous un arbre plein de sève,
Satan, ce grand débauché,
Sut endoctriner dame Ève,
Pour commettre un doux péché.
On vit bientôt le compère
Piller cent trésors bien chers,
Quand notre première mère
Voyait *la feuille à l'envers.*

On dit que la Madeleine,
Cette sainte au beau minois,
Oubliant mainte fredaine,
Se rendit au fond d'un bois.
Là, la tendre pécheresse,
Trouvant ces lieux bien déserts,
Sur le dos, avec tristesse,
Voyait *la feuille à l'envers.*

Vous, fillettes très novices,
Qui couvez des sentiments,
En intrépides lectrices,
Vous dévorez des romans.
Il ne suffit pas de lire

Quelques feuillets peu diserts,
Afin de mieux vous instruire,
Voyez *la feuille d l'envers.*

Je connais un astronome,
Grand observateur des cieux ;
Aussi, souvent le brave homme
Y braque-t-il ses deux yeux.
Un soir, d'un croissant superbe
Il voyait les feux divers,
Quand son épouse, sur l'herbe,
Voyait *la feuille d l'envers.*

Dites, mère Pétronille,
Nicette se plaint beaucoup.
— Qu'a-t-elle, la pauvre fille ?
— On dit qu'elle a vu le loup !
— Le loup ! l'erreur est fameuse
Si j'en crois mes yeux experts,
La petite curieuse
A vu *la feuille d l'envers.*

Viens aux champs, mon Isabelle,
Tu verras des bois charmants ;
Déjà la feuille nouvelle
Peut abriter deux amants.
— Mais ma vue est bien peu nette
Pour admirer leurs couverts !
— Il ne faut pas de lunette,
Pour voir *la feuille d l'envers.*

La femme voit bien des choses,
N'importe le temps, le lieu

Quant fuit la saison des roses,
Elle s'en afflige peu ;
Nos bois sont-ils sans ombrage ?
Elle dit tous les hivers :
Je me passe de feuillage
Pour voir la feuille à l'envers.

— Justin Cabassol.

LA CUISINIÈRE DU BON TON.

RONDE.

Air : *La boulangère a des écus.*

Mesd'moiselles, pour parvenir,
   Savez-vous la manière ?
Faut toujours tâcher de servir
   Veuf ou célibataire ;
On taille, on rogne à sa façon.
Voilà la cuisinièr' de bon ton !
   Voilà la cuisinière ! (*bis*)

On est si bien chez un homm' veuf !
   Il vous laisse tout faire ;
On lui r'passe d' la vache pour du bœuf,
   Il n'en voit rien, ma chère ;
C'est toujours lui qu'est monsieur l' bon.
   Voilà la cuisinièr', etc.

On a pour lui d's attentions,
　　D'agaçantes manières ;
　On se fait de gros tir' bouchons,
A tout's fins de lui plaire,
Et l'on donn' dans l'œil du patron.
　　Voilà la cuisinièr', etc.

Quoiqu'on ne soit pas de son rang,
　　On d'vient sa ménagère ;
On est, malgré tous les cancans,
　　Unis par monsieur l' maire ;
D' la cuisine on passe au salon.
　　Voilà la cuisinièr', etc.

On met d' côté l' tablier blanc,
　　On devient pédante et fière.
On a des costum's élégants,
　　J' dis que c' n'est pas d' la p'tit' bière
On port' cachemire, on fait lorgnon.
　　Voilà la cuisinièr', etc.

On a cuisinièr'... et fla ! fla !
　　A son tour on commande ;
On la promèn' comme l' bœuf gras
　　De marchande en marchande,
V'là comm' ça march' dans la maison
D'un' ci-devant cuisinièr' de bon ton,
　　D'un' ci-devant cuisinière !

L'HÔPITAL.

A MON AMI JEAN D'AUNAC.

Air : *T'en souviens-tu.*

J'étais heureux auprès de ma Lisette,
Environné de tous mes bons amis ;
Je les traitais en l'honneur de ma fête ;
Dans un tel jour les excès sont permis.
A sa moitié chacun cherchait à plaire,
Le vin rendait notre mérite égal.
Oui, l'autre jour je trinquais à plein verre, ⎫ bis
Et maintenant... je suis à l'hôpital. ⎭

Tisanes, lochs, cataplasmes, clystères,
Ont remplacé mes gais et longs repas ;
Mes échansons sont les apothicaires,
Le médecin me garde entre deux draps.
Chassant en vain une tristesse amère,
Bacchus me dit : tout excès est fatal.
Oui, l'autre jour, etc.

Dans mon exil, loin de tous ceux que j'aime,
J'ai le passé, mon seul consolateur,
Qui vient souvent rappeler à moi-même
Les quelques jours coulés dans le bonheur.
Notre destin est un juge sévère,
Tenant en main et le bien et le mal.
Oui, l'autre jour, etc.

Ne pleure pas, ne flétris pas les charmes,
Le monde, Lise, est fier de ta beauté ;
Tes jolis yeux ne sont pas pour les larmes,
Leurs doux regards sont pour la volupté.
Nous reverrons ensemble, je l'espère,
Les courts instants d'un joyeux carnaval.
Oui, l'autre jour, etc.

Je vois, hélas ! que tout est éphémère,
Grâce, beauté, jeunesse, amour, bonheur ;
Tout disparaît au moindre vent contraire,
Comme au printemps une humide vapeur.
Mais l'amitié, fidèle et toujours chère,
Vient soutenir l'homme dans son moral.
Oui, l'autre jour, etc.

LE CONVALESCENT.

Air du Sénateur (Béranger).

Au lit toute la semaine
J'ai trop éprouvé d'ennui,
Et ma foi, quoi qu'il advienne,
J'en veux sortir aujourd'hui ;
Tous mes membres, ô bonheur !
Ont retrouvé leur vigueur.
  Ça va mieux,
  Beaucoup mieux,
Je sens, dans ce jour heureux,
Renaître et ma soif et mes sens.

Tant que dura ma souffrance,
Mon vin me semblait aigri ;
Par la même expérience
Voyons si je suis guéri :
Bravo ! ce nectar jamais
Pour moi n'eut autant d'attraits.
  Ça va mieux, etc.

Fi du bouillon ridicule
Que, le soir et le matin,
Dans le corps on m'inocule
Avec un tuyau d'étain :
Ce qu'on boit par ce moyen
Au goût, ne sent vraiment rien.
  Ça va mieux, etc.

En dépit de l'Esculape,
Qu'on m'apporte à déjeuner :
Il est temps que je rattrape
Les jours qu'il m'a fait jeûner
Je suis sûr que de ma faim
Je ne verrai pas la fin.
  Ça va mieux, etc.

Ma femme d'étrange sorte
Vient agiter mon esprit :
Jamais, le diable m'emporte,
Je n'en fus autant épris ;
Son regard, le croira-t-on ?
M'a fait sauter un bouton.
  Ça va mieux, etc.

Au diable la médecine !
Au diable le médecin !
Désormais pour ma poitrine
Il n'est qu'un régime sain,
Manger, boire, et cétéra ;
Voilà ce qu'il me faudra.
  Ça va mieux,
   Beaucoup mieux,
Je sens, dans ce jour heureux,
Renaître et ma soif et mes feux.
J.-D. MOINEAUX.

LE CAUCHEMAR.

CHANSON VILLAGEOISE,

Air de *la Gripette*.

Depuis six mois, maman, j'vous l'dis,
Ça fait du bruit dans ma chambrette,
J'ai beau dire un *De profundis*,
Tous les soirs le mêm' train s'répète,
Et tout d'un coup ça part,
Ça m' laiss' tranquill', ça m' laiss' tranquille,
Puis ça revient, ça repart :
Maman, je crois que c'est l'cauch'mar.

La nuit je fais des rêv's affreux,
Je sens toujours queuqu' chos' qui m' pousse,
Ça m' fait des nich's, ça m' tir' les ch'veux,

Ça m' suffoqu' tant, qu'il faut qu' j'en tousse;
Maman, j' crois qu' c'est l' cauch'mar
Qui me taquin', qui me taquine ;
Maman, j' crois qu' c'est l' cauch'mar
Qui m' fascine avec son regard.

Maman, pour me guérir de la peur,
Je connais un méd'cin habile,
Et je vous jure sur l'honneur
Que ça n' lui s'ra pas difficile
Pour chasser le cauch'mar,
Il a la r'cette, il a la r'cette,
Pour chasser le cauch'mar,
Il possède un remède à part.

Ma fill', moi qui n' suis pas méd'cin,
Je connais bien ta maladie ;
Pour te défair' de ce lutin
Je vois bien qu'il faut qu'on t' marie ;
Car j'ai peur que c' cauch'mar
Fasse à ma fill', fasse à ma fille ;
Car j'ai peur que c' cauch'mar,
Fasse à ma fille un p'tit poupard.

La mère avait, je crois, raison ;
Trois mois après son mariage
Sa fille accoucha d'un garçon
Qui vivra plus d' cent ans, je gage ;
Tant il est gros gaillard.
Que chacun pens', que chacun pense
Que c' n'est pas le cauch'mar
Qu'a pu faire un pareil moutard.

LETTRE D'UN CONSCRIT A SA MÈRE.

Air : *Au refrain du tambourin.*

Ah ! maman, que j'suis content
Depuis que j'suis militaire ;
On a bien de l'agrément
Quand on a un peu d'argent. (bis)

Le caporal m'examine,
Même dès le premier jour,
Me commande de cuisine
Quoiqu' ce n'était pas mon tour.
   Ah ! maman, etc.

Les vieux soldats me taquinent,
Et me traitent de conscrit ;
J' les emmène à la cantine,
Là j'en fais de bons amis.
   Ah ! maman, etc.

Mon maît' d'arm's s' nomm' Bamboche,
Il me place en faction,
Vient souvent m' tâter mes poches
Pour voir ma bell' position.
   Ah ! maman, etc.

Quel bonheur d'être militaire ;
L'on vit comme un vrai rentier.
J'y pass'rais ma vie entière
Si l'on était mieux payé.
   Ah ! maman, etc.

Parc' que je n'ai pas d' moustaches
Viennent me narguer les anciens;
Il faut voir comm' j'en détache
Avec eux sur le terrain.
   Ah! maman, etc.

Quand j'ai quitté ma famille,
J'étais dodu et puissant;
Maintenant les jeunes filles
Me rend' sec comm' un hareng.
   Ah! maman, etc.

Maman, prenez patience,
Je pourrai peut-être un jour
Attraper un' sous-lieut'nance,
Général, ou bien tambour.
   Ah! maman, etc.

●●●●●●●●●●●●●●●●●●●●●●●●●●●●●●●●●

LE CARAFON.

Air : *De Pilati* (du vaudeville de Mᵐᵉ Favart).

Fanchette tient de sa famille
Un objet des plus délicats,
Dont la jeune et friguante fille
A juste titre fait grand cas :
Cet objet, d'un charmant modèle,
Est un tout petit carafon,
Qu'elle porte toujours sur elle,
Et qui se couvre d'un bouchon.

De ce meuble vraiment utile
Elle prend des soins infinis,
Et ne s'en sert, en femme habile,
Qu'avec ses intimes amis.
Son carafon, les jours de fête,
S'emplit, se vide tour à tour ;
La liqueur dont l'emplit Fanchette
Se nomme du parfait amour.

Méfiante par habitude,
Dès que quelqu'un s'en est servi,
Ma Fanchette avec promptitude
Cache son meuble favori.
Un rustre, par sa maladresse,
Pourrait y faire un large trou,
Et Fanchette évite sans cesse
Que l'on ne fêle son bijou.

Mais, malgré les soins de la belle,
Hélas ! voilà qu'un beau matin,
De ce carafon si fidèle
Le bouchon s'égare soudain.
Aux larmes elle s'abandonne,
Et maudit, comme un vrai démon,
La voisine qu'elle soupçonne
D'avoir dérobé son bouchon.

Par bonheur, dans sa maisonnette,
Des galants viennent à propos
Offrir à l'aimable Fanchette
Plusieurs bouchons plus ou moins beaux.
Fanchette dit avec prudence :

L'un après l'autre essayont-les,
Par les plus neufs elle commence,
Les vieux lui paraissent trop laids.

De chacun ayant pris mesure,
Elle accepta d'un air discret,
Celui qui, mis à l'embouchure,
Remplissait le mieux son objet.
Depuis elle en fait grand usage,
Et je crains fort qu'aucun bouchon,
Quand Fanchette aura pris de l'âge,
Ne ferme plus son carafon.
J. LAGARDE.

LA CIGARETTE.

Air : *La boulangère a des écus.*

J'ai des cigares en renom
Que je vends en cachette
A mainte dame du grand ton
Ainsi qu'à la grisette ;
Belles, dans vos gants satinés
   Prenez ma cigarette,
     Prenez,
  Prenez ma cigarette.

La contrebande a des attraits
Pour plus d'une lorette ;
Quelquefois même je la fais
Avec la femme honnête ;

Je dis à ces anges damnés :
    Prenez ma cigarette, etc.

Lorsqu'une veuve de trente ans
Pleurant par étiquette,
Se flétrit faute d'aliments,
Soudain je lui répète :
Pour ranimer vos traits fanés,
    Prenez, etc.

Chez son concierge, un certain soir,
Je dis à Rigolette,
Qui pour rallumer son bourgeois
Cherchait une allumette :
Tous mes feux vous sont destinés,
    Prenez, etc.

Dans le nord quand j'ai du débit,
Le midi me regrette ;
Mon commerce avant tout fournit
L'Espagnole coquette ;
Femmes aux attraits basanés,
    Prenez, etc.

Lionnes à l'air sémillant,
Dont la main blanche et nette
Tient une pipe en badinant,
Dans un doux tête-à-tête,
Pour ces rendez-vous fortunés,
    Prenez, etc.

Vous, luronnes, qui des dragons
Porterlez l'épaulette,

De cigarres, bien gros, bien longs,
Avez-vous fait emplette ?
S'ils sont trop mous ou mal tournés,
  Prenez, etc.

Enfin, mesdames, entre nous,
J'ai la bonne recette ;
Mon tabac vaut cent fois pour vous
Celui de la Civette :
Il sait plaire aux plus jolis nez ;
  Prenez ma cigarette
   Prenez,
  Prenez ma cigarette.
J. LAGARDE.

LE GALOP.

Air : *Du galop de l'Éclair*

Aux sons falots
 Des grelots
Que Momus agite,
Accourez vite
 Au galop ;
Ne tardez pas trop !

Le signal est donné,
Serrez votre danseuse,
Galoppez, troupe joyeuse,
Par Zéphir entraîné ;

Sous vos doigts arrondis,
Une étoffe légère
Trahit de la bergère
La taille et les seins rebondis.
Aux sons, etc.

Prompt comme le chamois,
Regagnez votre place,
Vers le couple de face
Avancez par deux fois.
Devant eux gentiment
Imitez la nacelle
Que la vague rebelle
Roule sur un flot écumant.
Aux sons, etc.

Revenez sur vos pas,
Puis, quittant votre dame,
Allez d'une autre femme
Enlacer les appas,
Pivotez en tous sens,
Et qu'une aimable chaîne
Vers le plaisir entraîne
La beauté qui charme vos sens.
Aux sons, etc.

Qu'un propos amoureux
Peigne votre tendresse,
Risquez une caresse
Dans un court avant-deux;
Reprenez promptement

La première compagne
Dont l'œil vous accompagne,
Sans ralentir le mouvement.
Aux sons, etc.

Galoppez de nouveau
Pour doubler la figure,
Voltigez en mesure
Comme un gai passereau ;
Soyez tendre et pressant ;
Dans ce nouvel échange,
Sachez prendre d'un ange
La grâce et le ton caressant.
Aux sons, etc.

Pour galopper encor
Un grand cercle se forme,
Qu'une marche uniforme
En cadence l'accord.
Que les jeux et l'amour,
Galoppant sur vos traces,
Y conduisent les grâces
Et vous enivrent tour à tour.

Aux sons falots
Des grelots
Que Momus agite
Accourez vite
Au galop,
Ne tardez pas

LE LAVEMENT.

Air : *On dit que je suis sans malice.*

Autrefois, feu mon digne père,
Était un docte apothicaire ;
Il me laissa (seul héritier)
Sa seringue et son tablier.
Sitôt, le cœur plein d'espérance,
J'allai faire mon tour de France.
Chacun disait, en me voyant :
Salut, donneur de lavement.　(bis)

Ma seringue n'était pas mince :
Aussi, dans toute la province,
J'étais couru, j'étais fêté.
Comme le sexe en a tâté !
Plus d'un tendron, j'en suis sûr, brûle
Au souvenir de ma canule :
Sans vanité, j'ai su vraiment
Faire goûter mon lavement.

Femmes, qui souffrez de la rate,
Ne voyez pas un Hippocrate,
Car rien n'est pis que le docteur
Pour vous sauver de la douleur.
Ma seringue sans nul obstacle,
Peut seule opérer un miracle :
Pour guérir radicalement,
Prenez un doigt de lavement.

Afin d'avoir santé parfaite,
Beautés, adoptez ma recette,
Elle sait doubler vos attraits,
Rend le corps libre et le teint frais.
Pour les vapeurs elle est d'usage,
Elle console du veuvage :
Bref, on ne peut pas décemment
Vivre un seul jour sans lavement.

Je vieillis, cela me tourmente,
Déjà ma main devient tremblante.
Mal ajuster déplaît toujours,
En remèdes comme en amours :
Si ma seringue, hélas ! s'affaisse,
Mesdames, sauvez ma faiblesse ;
Usez donc de ménagement,
Ne rendez pas mon lavement.

....

VIVAT, VIVAT IN ÆTERNUM, VIVAT, VIVAT
BONUM VINUM !

Amis, le plaisir nous rassemble,
Un joyeux refrain, ce me semble,
Doit solenniser ce beau jour,
Et, dans ce paisible séjour,
A Bacchus former une cour.
Au sein d'une franche goguette,
Narguant une froide étiquette,
Entonnons tous, bravant le décorum !

Vivat, vivat in æternum,
Vivat, vivat bonum vinum !

Jamais les Grecs n'auraient pris Troyes
Si les Troyens, changeant de rôles,
Eussent placé sur leurs créneaux
Trois ou quatre cents vieux tonneaux
Pleins de champagne ou de bordeaux ;
J'en réponds, le doux choc du verre
Eût obtenu dans cette guerre
Plus de succès que le palladium.
Vivat, vivat in æternum,
Vivat, vivat bonum vinum !

Chacun de nous donne la pomme
A la république de Rome ;
Cette souveraine des rois
Au monde entier dicta des lois ;
La raison, la voici, je crois.
Les pères conscrits, sans scrupules,
Au sortir des chaises curules,
Trinquaient ensemble au milieu du forum.
Vivat, vivat in æternum,
Vivat, vivat bonum vinum.

N'envions rien au Nouveau-Monde ;
En tout biens notre sol abonde.
Les crus de Beaune et de Chablis,
D'Aï, de Médoc, et de Nuits,
Sont là pour chasser nos ennuis !

Leurs flots, certe, en valent bien d'autres.
Montrons-nous tous de bons apôtres,
Et laissons là l'Amérique et son rum !
Vivat, vivat in æternum,
Vivat, vivat bonum vinum.

Chaque phalange a sa bannière
Qui la guide dans la carrière ;
Et sur l'écu de sa maison,
Le noble, avec ou sans raison,
Epuise tout l'art du blason.
Pour nous, qu'un même but rallie,
Qu'un nappon tout jaspé de lie
A tout jamais soit notre labarum !
Vivat, vivat in æternum,
Vivat, vivat bonum vinum !

VIVE LE LIBERTIN.

Vous flétrissez, gens à l'humeur austère,
Vous flétrissez du nom de libertin
L'homme sensé dont l'heureux caractère
Est de chérir les filles et le vin ;
Nous dont les cœurs ne sont pas si sévères,
Aimons, chantons ! buvons ce jus divin ;
Et répétons en remplissant nos verres,
Vive le libertin !   (*bis*)

Quand le bon Dieu jeta sur cette boule
Le plus parfait ouvrage de ses mains,
Des vins exquis il y jeta la foule ;
« Tout est à vous, dit-il, pauvres humains !
» Ne craignez pas d'exciter ma colère
» En bannissant vos soucis dans le vin, »
Répétons donc en vidant notre verre,
  Vive le libertin !

L'homme était seul, Dieu lui donna la femme,
Est-ce, dis moi, moraliste imprudent,
Offenser Dieu que de laisser notre âme
Aimer en paix les dons du Tout-Puissant !
Il l'a jetée avec nous sur la terre
Pour partager nos maux, notre chagrin ;
Répétons donc en vidant notre verre
  Vive le libertin !

En maux divers notre vie est féconde,
Où seraient donc nos consolations
Si Dieu venait à retirer du monde,
Le vin, la femme et puis nos passions ?
Aimons, burons, sans crainte et sans mystère,
Profitons tous de ce présent divin,
Et répétons, en vidant notre verre,
  Vive le libertin !

L'AMOUR, LA NUIT ET LE JOUR.

 Rendez-vous à mes vœux,
 Belle et tendre bergère,
 Le temps est précieux,
 Profitez-en pour faire
L'amour, l'amour, l'amour,
 Et la nuit et le jour.

 En vain par mille appas
 Vous chercheriez à plaire,
 Si vous ne voulez pas
 En profiter pour faire
L'amour, l'amour, l'amour,
 Et la nuit et le jour.

 Vous êtes faite exprès
 Pour l'amoureuse guerre,
 Et jusqu'au moindre trait,
 Tout parle en vous de faire
L'amour, l'amour, l'amour,
 Et la nuit et le jour.

 Fuyez les froids discours
 D'une vieillesse austère,
 Les vieux dans leurs beaux jours
 Ne s'occupaient qu'à faire
L'amour, l'amour, l'amour,
 Et la nuit et le jour.

Le bel âge s'enfuit,
La tendresse s'altère,
La beauté se détruit,
Et l'on ne peut plus faire
L'amour, l'amour, l'amour,
Et la nuit et le jour.

Les plus charmants appas
N'ont que l'éclat du verre,
Un rien les met à bas,
Souvent faute de faire
L'amour, l'amour, l'amour,
Et la nuit et le jour.

Songeons à prévenir
Une perte si chère ;
N'ayons d'autre désir,
D'autre soin que de faire
L'amour, l'amour, l'amour,
Et la nuit et le jour.

Quand l'hiver sur nos jours
Viendra semer la neige,
Désirons pour retour,
Et pour dernier cortége
Toujours, toujours, toujours,
Bacchus et les Amours.

LE MAUVAIS SUJET.

Air : *Les gueux, les gueux.*

Oui, trait pour trait,
Voilà le portrait
Du mauvais sujet
Le plus parfait.

Quand on me dit que la vie
Se compose de tourments,
Moi, je réponds : « J'ai l'envie
D'être malheureux longtemps. »
  Oui, trait pour trait, etc.

Ennemi de la sagesse,
J'ai troqué mon Cicéron
Et mes sages de la Grèce
Pour les œuvres de Piron.
  Oui, trait pour trait, etc.

Trouvant qu'Homère et Sénèque
N'offrent plus rien de nouveau,
J'orne ma bibliothèque
De chansonniers du Caveau.
  Oui, trait pour trait, etc.

Je ne hais pas la morale,
Voulez-vous savoir comment ?

C'est au Rocher de Cancale,
Quand on la prône en chantant.
  Oui, trait pour trait, etc.

Mon cœur pour le mariage
N'eut jamais aucuns désirs;
Vive le libertinage !
C'est le père des plaisirs.
  Oui, trait pour trait, etc.

Mes créanciers en vedettes
Cernent en vain ma maison;
Je ne solderai mes dettes
Qu'en descendant chez Pluton.
  Oui, trait pour trait, etc.

Loin de pâlir sur un livre,
Comme fait plus d'un pédant,
Du monde, quand je suis ivre,
Je me crois le plus savant.
  Oui, trait pour trait, etc.

Sans m'inquiéter d'avance
Quel sera mon dernier lieu,
J'ai toujours eu l'espérance
De mourir à l'Hôtel-Dieu.
  Oui, trait pour trait, etc.

Sans rudiment ni grammaire
Je compose au cabaret ;
J'ai pour écritoire un verre,

Et pour encre du clairet.
  Oui, trait pour trait, etc.

Chansonnier à la hussarde,
Je ris des airs du haut ton ;
J'ai pour lyre une guimbarde,
Et pour flûte un mirliton.
  Oui, trait pour trait, etc.

Qu'on blâme ou non ma logique,
Toujours gai comme pinson,
Je me ris de la critique
Comme de Colin-Tampon.
  Oui, trait pour trait,
  Voilà le portrait
  Du mauvais sujet
  Le plus parfait.

LA REINE DES GRISETTES.

Air : *Ne faut-il pas que chacun ait son tour !*

C'est moi qui suis des grisettes la reine
Par ma jeunesse et par droit de beauté,
Dans le quartier je règne en souveraine,
Et contre moi point de rivalité !
Vingt ans à peine, une bouche vermeille,
Un frais minois, pieds mignons et coquets,
Esprit mutin et taille sans pareille,
Voilà de quoi dérouter les caquets ! (*bis*)

Il faut me voir quand j'entre à la Chaumière,
Soudain chacun s'incline devant moi !
Ai-je le droit d'être orgueilleuse et fière ?
Quand je parais le bal est en émoi.
Chacun me vient présenter ses hommages,
Briguant l'honneur de soutenir mon bras,
A moi je sais fixer les plus volages;
Car là je règne et ne gouverne pas !

Je suis toujours la première à la danse,
J'aime la walse et j'aime la polka,
Avec quel art, avec quelle élégance
Je sais *pincer* la tendre mazourka !
Si dans le cours d'un quadrille enchanteur,
Je me permets quelque bonne folie,
Lahire, même, en rit de tout son cœur,
Et dit tout bas : La folle est si jolie !

Peut-on trouver un plus charmant empire,
Peut-on trouver un sceptre plus joyeux ?
Dans mes États on se pâme de rire,
Et le plaisir se lit dans tous les yeux !
Si quelquefois dans une tabagie
On chante, on boit, du soir jusqu'au matin,
C'est toujours moi qui préside à l'orgie,
C'est toujours moi qui préside au festin !

Vive à jamais notre bonne Chartreuse
Où, sans soucis, chacun s'amuse et rit,
Dans cette sphère, oui, je suis bienheureuse,

Là je triomphe et chacun me sourit,
Savants docteurs, grands avocats en herbe,
Contentez-vous du modeste Prado,
Et des commis à la femme superbe,
Laissez, laissez le bal Valentino.

Lorsque j'abaisse un regard peu sévère
Sur un sujet que je veux rendre heureux ;
J'en ai moi-même une douleur amère,
Pour son bonheur, je fais vingt malheureux !
Allons, enfants, je suis bonne princesse,
De mes devoirs je connais la valeur,
Rassurez-vous, ma royale tendresse
Partagera ma royale faveur.

AMÉDÉE DELAUNOY.

LA CROUTE AU POT.

Air : *Du galoubet.*

La croûte au pot,
La croûte au pot,
Voilà le sujet qui m'amuse.
N'allez pas me traiter de sot
Et défendre à ma pauvre muse,
Si vraiment par trop je m'abuse.
La croûte au pot,
La croûte au pot.

La croûte au pot,
La croûte au pot,
De l'estomac est tant l'amie,
Que je la répute en un mot
Un des premiers biens de la vie;
Et c'est aussi pourquoi j'envie.
  La croûte au pot. (*bis*)

La croûte au pot,
La croûte au pot,
D'un saint prélat refait la mine :
S'il est si frais, ce bot dévot,
C'est qu'il trouve dans sa cuisine
Grâce à sa gouvernante Aline,
  La croûte au pot. (*bis*)

La croûte au pot,
La croûte au pot,
En guerre, d'un soldat farouche
Suspend la colère aussitôt.
Il se radoucit quand il touche,
Mieux encor s'il porte à sa bouche
  La croûte au pot. (*bis*)

      M. A.

LE ROI DES ÉTUDIANTS.

Air : *A genoux devant les pochards.*

Allons amis, faisons bombance,
Il faut ce soir être en gaîté,
Des vrais amis de la licence,
Morbleu, je veux être fêté ;
St'nt Jean, des patrons le modèle,
Vois je suis un de tes enfants,
Couvre-moi toujours de ton aile,
Moi ! le roi des étudiants !

Viens Jenny, ma belle maîtresse,
Viens, adorable déité,
Toi dont j'admire la sagesse
Et surtout la fidélité !
Voilà six mois qu'elle m'adore,
Six mois, entendez-vous, enfants ?
Ah ! c'est qu'ici chacun m'honore,
Moi, le roi des étudiants !

Joyeux amis, trinquons ensemble,
Buvons ce punch et puis fumons,
Puisque ma fête nous rassemble,
Il faut nocer ; corbleu, noçons !
Que chacun allume sa pipe,
Dames, imitez vos amants,

S'amuser, voilà mon principe,
Je suis roi des étudiants !

Voilà dix ans que j'étudie,
Le vin, la femme et le tabac,
Et pourtant je me glorifie
De devenir bon avocat.
Je consacrerai mon génie
A défendre les bons vivants ;
Car je veux que partout on crie :
Il fut roi des étudiants !

Quand devant mes yeux un punch brûle,
Quand d'amis je suis entouré
Je me sens la force d'Hercule,
De bonheur je suis enivré !
Je me moque bien de la gloire
Du plus fameux des conquérants,
Pourvu qu'on lise dans l'histoire :
Je fus roi des étudiants !

Amis, je sens fuir ma jeunesse,
Je découvre un front culotté ;
Mais jamais chez moi la sagesse
Ne pourra chasser la gaîté.
Malgré moi, s'il faut que j'abdique,
Morbleu, je veux que dans cent ans
On redise encor, sans critique :
Il fut roi des étudiants !

LA CONFIDENCE.

Air : *Ah! vous dirai-je, maman.*

Ah! vous dirais-je, papa,
Comment l'amour me happa?
Depuis que j'ai vu Fanchette
Au sortir de sa couchette,
Mon cœur dit en soupirant :
Corbleu ! quel morceau friand.

La trouvant seulette un soir
(On est fier quand il fait noir),
Vous me connaissez ingambe,
Je lui donne un croc-en-jambe,
Elle tombe dans mes bras
En criant : Je ne veux pas.

Comme il faisait par trop chaud,
Je la délace aussitôt ;
Puis (ce qui n'est pas un conte),
Le ciel s'entr'ouvre... j'y monte ;
Mais à la porte on frappa...
J'en redescendis, papa.

Ma Fanchette, nuit et jour,
Me donne fièvre d'amour :
Teint frais, beaux yeux, taille fine,
Son image me lutine,

Et depuis ce moment là,
J'en perds la tête, et... voilà.

MA LISETTE.

C'est ma Lison, ma Lisette,
La grisette ;
C'est ma Lison,
Que j'adore avec raison.

S'il fut jamais tendron
A l'humeur guillerette,
Au minois frais et rond,
Vrai gibier de luron,
C'est ma Lison, ma Lisette,
La grisette ;
C'est ma Lison,
Que j'adore avec raison.

Qui n'ayant pour tout bien
Que sa mine drôlette,
Aux baisers d'un vaurien
Vient la livrer pour rien.
C'est ma Lison, ma Lisette,
La grisette ;
C'est ma Lison,
Que j'adore avec raison.

Sur le pavé glissant,
Trotillant, légerette,
Qui rend de tout passant
Le regard caressant?
C'est ma Lison, ma Lisette,
La grisette ;
C'est ma Lison,
Que j'adore avec raison.

Au pauvre, en son chemin,
Qui donne à l'aveuglette,
Sans songer que demain
Elle sera sans pain ?
C'est ma Lison, ma Lisette,
La grisette ;
C'est ma Lison,
Que j'adore avec raison.

Qui mange sans compter,
L'argent que je lui prête,
Mais qui pour m'en prêter
Vingt fois sut emprunter.
C'est ma Lison, ma Lisette,
La grisette ;
C'est ma Lison,
Que j'adore avec raison.

Qui jadis me trompa
Sans paraître coquette ;
Puis, pour moi, qui dupa

Celui qui m'attrapa ?
C'est ma Lison, ma Lisette,
La grisette ;
C'est ma Lison,
Que j'adore avec raison.

Par de tendres leçons,
Qui donne à ma musette
Quelques traits polissons,
Dont je fais des chansons ?
C'est ma Lison, ma Lisette,
La grisette ;
C'est ma Lison,
Que j'adore avec raison.

Dimanches et lundis,
Venant dans ma chambrette,
Qui fait un paradis
De mon pauvre taudis ?
C'est ma Lison, ma Lisette,
La grisette ;
C'est ma Lison,
Que j'adore avec raison.

Lorsque de moins jouir
La prudence projette,
Entre elle et l'avenir,
Qui jette le plaisir ?
C'est ma Lison, ma Lisette,
La grisette ;

C'est ma Lison,
Que j'adore avec raison.
E. Hacken.

LA BONNE AVENTURE.

Vaudeville des Trois Cousines.

Jeunes filles qui portez
  Blonde chevelure,
L'amour vient de tous côtés
Rendre hommage à vos beautés :
La bonne aventure, ô gué !
  La bonne aventure !

Longue souffrance, en aimant,
  Est chose bien dure,
Mais lorsqu'un heureux amant
Plaît au premier compliment,
La bonne aventure, ô gué !
  La bonne aventure !

Voir sans obstacle un ami,
  Bagatelle pure !
Mais pour un amant chéri,
Tromper tuteur ou mari,
La bonne aventure, ô gué !
  La bonne aventure !

Si l'amour d'un trait malin,
Vous a fait blessure,
Prenez-moi pour médecin
Quelque joyeux boute-en-train.
La bonne aventure, ô gué !
La bonne aventure !

Suivons un penchant flatteur,
Sans peur du murmure ;
Est-il plus grande douceur
Que celle que donne au cœur
La bonne aventure, ô gué !
La bonne aventure !

DANCOURT.

LA FILLE DU SAVETIER.

Qu'un moment de vivacité
Peut causer de calamité ;
Sexe chéri pour qui les larmes
Sont un besoin rempli de charmes,
Ah ! qu'au récit de mes malheurs
Vos beaux yeux vont verser de pleurs!

Mon père était un savetier
Fort estimé dans son métier,
Et ma mère était blanchisseuse ;
Moi, déjà j'étais ravaudeuse,

Gagnant jusqu'à dix sous par jour :
Mais qu'est l'or sans un peu d'amour ?

Sur le même carré que nous
Logeait un jeune homme fort doux ;
Soit que j'entre, soit que je sorte,
Toujours il était sur la porte ;
A chaque heure il suivait mes pas ;
Mais mes parents ne l'aimaient pas.

Un jour, j'étais innocemment
Dans la chambre de mon amant.
Mon père vient, frappe à la porte :
Grands dieux ! que le diable l'emporte ?
Hélas ! ne pourrons-nous jamais
De nos amours jaser en paix ?

Mon père, comme un furieux,
Prend mon amant par les cheveux ;
Mon amant, quoique doux et tendre,
Contraint enfin de se défendre,
D'un coup de poing sur le museau,
Jette papa sur le carreau.

Aux cris du vieillard moribond,
Ma mère avec un gros bâton,
Arrive comme la tempête,
Frappe mon amant sur la tête.
Ah ! pour moi, quel funeste sort !
Mon amant tombe raide mort !

Pour ce fatal coup de bâton,
On conduit ma mère en prison,
On la pend, et le commissaire
M'envoie à la salpétrière.....
Qu'un moment de vivacité
Peut causer de calamité!

LE DÉSIR D'ÊTRE SAGE.

Tous les jours je veux être sage,
Suivre les lois de la raison,
Auprès du plus charmant visage
Rester comme un petit Caton.
Le soir vient, je vois mon amie;
Le plaisir arrive soudain.
Encore aujourd'hui la folie,
Et je serai sage demain.

Le lendemain je jure encore,
Et ne puis tenir mon serment;
Je revois celle que j'adore;
Peut-on résister un moment?
Un baiser de ma douce amie
Fait fuir la sagesse grand train.
Encore aujourd'hui la folie
Et je serai sage demain.

L'homme auprès d'une fille aimable,
Peut-il répondre de ses vœux ?
Un regard, un ris délectable
Le transporte et le rend heureux.
Vous par qui nous aimons la vie,
De vous fuir on projette en vain.
Encore aujourd'hui la folie
Et je serai sage demain.

C'est donc demain qu'est la sagesse,
Et demain n'arrive jamais ;
C'est la faute de ma maîtresse :
Otez-lui donc quelques attraits.
Otez-lui son joli sourire,
Ses traits charmants, son air malin ;
Otez-lui tout ce qui m'inspire,
Et je serai sage demain.

LA MÈRE BONTEMPS.

La mère Bontemps
S'en allait disant aux fillettes :
Dansez mes enfants,
Tandis que vous êtes jeunettes ;
La fleur de gaîté
Ne croît point l'été
Née au printemps comme la rose,
Cueillez-la dès qu'elle est éclose :

Dansez à quinze ans,
Plus tard il n'est plus temps.

A vingt ans mon cœur
Crut l'Amour un dieu plein de charmes;
Ce petit trompeur
M'a fait répandre bien des larmes:
Il est exigeant,
Boudeur et changeant;
Fille qu'il tient sous son empire,
Fuit le monde, rêve et soupire.
Dansez à quinze ans,
Plus tard il n'est plus temps.

Les jeux et les ris
Dansèrent à mon mariage;
Mais bientôt j'appris
Qu'il est d'autres soins en ménage.
Mon mari grondait,
Mon enfant criait:
Moi ne sachant auquel entendre,
Sous l'ormeau pouvais-je me rendre?
Dansez à quinze ans,
Plus tard il n'est plus temps.

L'instant arriva
Où ma fille me fit grand'mère;
Quand on en est là,
Danser n'intéresse plus guère;
On tousse en parlant,

On marche en tremblant,
Au lieu de sauter la gavotte,
Dans un grand fauteuil on radote.
Dansez à quinze ans,
Plus tard il n'est plus temps.

Voyez les Amours
Jouer encor près de Louiso.
Elle plaît toujours,
Au bal elle serait de mise ;
Comme moi pourtant
Sans cesse on l'entend
Dire et redire à ses fillettes,
Si gentilles, si joliettes :
Dansez à quinze ans,
Plus tard il n'est plus temps.

L'INFLUENCE DU MOIS DE MAI.

Air : *Ah ! que les cocus sont heureux !*

Ma mère avait raison, c'est vrai,
Gnia rien qu'échauff' comm' le mois d' mai.

J'ai seize ans, depuis l' mois d' décembre
Et toute seule dans ma chambre
J'étais tranquille au mois d' janvier,
Aussi paisible en février ;

Mars, avril (bis) m'ont vue calme et sage;
  Mais j'ai r'vu l' feuillage...
Alors, je m' suis dit : C'est bien vrai,
Gnia rien qu'échauff' comm' le mois d' mai.

Lise, vois donc cette verdure,
Comm' ça vous porte à la nature;
Vois donc tous ces petits oiseaux
Se becqu'ter comm' des tourtereaux.
C'est Lucas qui m' tenait c' langage,
  Le front tout en nage...
Je r'gard' partout et j' dis : C'est vrai,
Gnia rien qu'échauff' comm' le mois d' mai.

C' jour-là, Lucas était superbe,
Il se r'dressait comme une gerbe;
J'étais assise sur l' gazon,
Y s' plaça près d' moi sans façon,
M'embrassa si fort qu' ma coll'rette
  Tomba sur l'herbette;
J' la laissa tomber et j' dis : C'est vrai,
Gnia rien qu'échauff' comm' le mois d' mai.

Y m' disait : « C'est toi seule que j'aime,
« Ton sein est blanc comm' de la crème, »
Puis il m'app'lait son p'tit trésor
Et m'embrassait encor, encor,
Tant de fois qu' c'était une rage.
  J' voulais fair' tapage,
Mais y m' dit : chut !.. Tu vois qu' c'est vrai,
Gnia rien qu'échauff' comm' le mois d' mai.

Tandis qu'il regardait la lune,
J' m'écri', tu vois que v'là la brune,
Faut ben vit' quitter le gazon
Et s'en r'tourner à la maison ;
Mais, mon Dieu, qué qu' dira ma mère,
  Je crains sa colère,
Ell' s'ra tout' roug', car c'est bien vrai
Gnia rien qu'échauff' comm' le mois d' mai.

Ma mère, j' l'avais d'viné sans peine,
M' met en pénitenc' tout' la semaine ;
A la longue, ell' cess' de m' punir,
Mais j' vois ma jupe s' raccourcir,
Oh ! là là, veyez c'te bêtise ;
  Quéqu' faudra que j' dise ?
Je n' peux pas toujours dire : C'est vrai,
Gnia rien qu'échauff' comm' le mois d'mai.

Au bout d' neuf mois une petit' fille
Vient augmenter notre famille ;
Y faut ben croire qu'à son tour
Ell' écout'ra ce fripon d'amour.
Quand viendra c' moment qu'on désire,
  Sitôt qu'on soupire,
Comm' sa mère, ell' dira : C'est vrai,
Gnia rien qu'échauff' comm' le mois d' mai.

LEPEINTRE jeune.

LA PLAISANTE HISTOIRE.

Air : *La bonne aventure.*

Je suis un joyeux vivant,
Le fait est notoire ;
Mais si vous doutez, avant,
Écoutez l'histoire
Que je vais vous raconter,
Et qui vous fera chanter,
   La plaisante histoire
   O gué !
   La plaisante histoire.

Je caressais l'autre jour,
Derrière une armoire,
Une belle faite au tour,
La femme à Grégoire,
Quand je la vis s'arrêter
Et soudain me répéter :
   La plaisante, etc.

Son mari qui nous guettait
Au lieu d'être à boire,
Entre ses dents marmottait ;
L'action est notoire
A ma femme il fait tâter
Ce qui sert à enfanter.
   La plaisante, etc.

Grégoire en homme prudent,
Se tut, pour sa gloire,
Et du fâcheux accident
Garda le déboire.
Disant pour se tourmenter :
L'honneur doit-il exister ?
　　La plaisante, etc.

Jusque-là tout allait bien,
Mais dans sa mémoire,
Le barbon n'oubliant rien,
Le soir dit : « Victoire,
» Je devrais bien t'éreinter ;
» Mais il faudrait m'emporter. »
　　La plaisante, etc.

Mais un matin qu'il quittait
Les bords de la Loire,
Avec des bœufs qu'il comptait
Mener à la foire,
Sa femme lui fut porter
Un fils pour l'emmailloter,
　　La plaisante, etc.

L'époux étonné vraiment,
Comme on peut le croire,
De jouer en ce moment
Un rôle illusoire,
N'osant pas le contester,
Finit par s'en contenter.
　　La plaisante, etc.

D'un poupon je fus parrain.
C'était méritoire !
Payant le grimoire,
Grégoire pour s'acquitter,
Voulut même nous traiter.
　　La plaisante, etc.

Le repas fut succulent,
Et de la mâchoire,
Chacun prouva son talent
Dans l'art buccatoire.
Au dessert, pour me fêter,
L'époux se mit à chanter :
　　La plaisante histoire,
　　　O gué !
　　La plaisante histoire.

LE COTILLON ROI.

Air : *Tu n'auras pas, p'tit polisson.*

Vivent Lisette et Frétillon !
　A vous mignonnes,
　Les couronnes !
Vivent Lisette et Frétillon,
Dieu protége le cotillon !

Diogène, sur le pavé
Nous brisons ta vieille lanterne !
De la femme qui nous gouverne

Le règne enfin est arrivé !
Vivent Lisette, etc.

Puisque Isabelle et Maria
Enchantent Madrid et Lisbonne,
Et que l'Anglais, trouvant sa bonne,
Chante à Londres : Victoria !
Vivent Lisette, etc.

Peuples, courez au baise-main
De ce joli trio de reines ;
Pour revoir le temps des *Syrènes*
Nous sommes à moitié chemin.
Vivent Lisette, etc.

Aux bords de vos marais fangeux,
Ne criez plus, pauvres grenouilles,
Les sceptres, tombés en quenouilles,
Vous fileront des jours heureux.
Vivent Lisette, etc.

Pauvre agent du pouvoir fiscal,
Ne crains plus que l'on t'asticote
Quand tu voudras lever la cote
Au nom du cotillon royal.
Vivent Lisette, etc.

Pour l'Éden nous quittons l'enfer,
Chez nous plus de sanglants trophées,
Femmes, vos baguettes de fées
Font plier nos verges de fer !
Vivent Lisette, etc.

Objet d'amour et de respect,
Quand vous paraîtrez aux deux chambres,
Je suis certain que tous les membres
Vont se lever à votre aspect.
Vivent Lisette, etc.

Pour voir couronner tous vos vœux,
Osez franchir le saint portique...
Souveraines, que l'huile antique
Ajoute un lustre à vos cheveux.
Vivent Lisette, etc.

Si le glaive sacré des lois
Vous donne de saintes ampoules,
Il ne faut pas chanter, mes poules,
Plus haut que le coq gaulois.
Vivent Lisette, etc.

Du chemin qu'on lui tracera
Si la jeune reine s'écarte,
Ce n'est pas une vieille charte
Qu'un ministre violera.
Vivent Lisette, etc.

Vos jours de gloire sont marqués ;
Et chaque mois, grande Victoire,
Nous apprendrons par votre histoire,
Que vos Anglais sont débarqués.
Vivent Lisette, etc.

Femmes, vos épingles tiendront
Où les clous dorés se dérivent ;
Quel bonheur ! les reines arrivent
Au moment où les rois s'en vont !
Vivent Lisette, etc.

Voyez vos tyrans filer doux !
A vous la fève, à vous la pomme !
Du moment que vous faites l'homme,
L'homme doit avoir le dessous.
Vivent Lisette, etc.

Donnez-nous un échantillon
De vos droits, traités de chimères ;
Allons, mes royales commères,
Remuez votre cotillon.
Vivent Lisette et Frétillon !
   A vous, mignonnes,
     Les couronnes ;
Vivent Lisette et Frétillon !
Dieu protége le cotillon !

A. JACQUEMART.

SINGULIER DUEL.

Air : *La faridondaine.*

Amis, connaissez-vous Lison,
　　Cette fille admirable,
Au pied coquet, à l'œil fripon,
　　Au minois délectable,
C'est un charmant petit démon,
La faridondaine, la faridondon,
A l'air aimable et réjoui
　　Biribi,
A la façon de barbari,
　　Mon ami.

L'autre jour, à Saint-Cloud, je crois,
　　Nous étions en goguette ;
Magicienne au frais minois,
　　Et tenant sa baguette,
Lison se lève sans façon,
La faridondaine, la faridondon,
Et gravement nous parle ainsi,
　　Biribi,
A la façon de barbari,
　　Mon ami.

» Depuis longtemps un bruit méchant
　　» S'étend et se propage,
» Fifine, à ce que l'on prétend,

» Et j'en suis tout en rage,
» Mieux que moi vide un carafon,
» La faridondaine, la faridondon,
» Cela n'est pas vrai, dieu merci,
            » Biribi,
» A la façon de barbari,
            » Mon ami. »

Voilà ma proposition
        » Elle est juste et loyale,
» Ici sans préparation
        » Amenez ma rivale,
» Et toutes deux dans ce salon,
» La faridondaine, la faridondon,
» Qu'un punch monstre nous soit servi,
            » Biribi,
» A la façon de barbari,
            » Mon ami. »

Au bruit d'un houras général
      La chose est accordée,
Pour ce duel original,
      La Fifine est mandée,
Et le tout, pendant qu'un garçon,
La faridondaine, la faridondon,
Brûle le rum et le wiski,
        Biribi,
A la façon de barbari,
        Mon ami.

Les deux combattantes bientôt
　　Se trouvent en présence,
Chacun fait silence, aussitôt
　　La bataille commence.
Fifine ingurgite un flacon,
La faridondaine, la faridondon,
Ce que voyant, Lison sourit,
　　Biribi,
A la façon de barbari,
　　Mon ami.

Prenant le bol encor fumant,
　　Et sans cérémonie
Elle avale en moins d'un moment
　　Le punch jusqu'à la lie,
Puis elle en demande un second,
La faridondaine, la faridondon,
Et le second y passe aussi,
　　Biribi,
A la façon de barbari,
　　Mon ami.

Il s'élève un immense cri,
　　Porteur de la victoire!
L'œil enflammé, le teint fleuri,
　　Ne cessant pas de boire ;
Il fallait voir notre Lison,
La faridondaine, la faridondon,
Peste, qu'elle était belle ainsi,
　　Biribi,
A la façon de barbari,
　　Mon ami.

TRÉMOUSSEZ-VOUS.

Air breton.

Rien n'était si joli qu'Adèle
Qui, grâce à Lucas,
Arrivait à grands pas,
A l'âge où l'amour dit tout bas :
Amusez-vous,
Belle aux yeux doux,
Amusez-vous,
Trémoussez-vous,
Amusez-vous, belle;
Amusez-vous,
Ne craignez rien,
Trémoussez-vous bien.

Un jour Lucas surprit Adèle
Au fond d'un p'tit bois,
Où l'drôle en tapinois,
Lui chanta pour la premièr' fois :
Amusez-vous,
Belle aux yeux doux,
Amusez-vous,
Trémoussez-vous,
Amusez-vous, belle;
Amusez-vous,
Ne craignez rien,
Trémoussez-vous bien.

Ce refrain amusa tant Adèle
Qu'avant de s'quitter,
Sans pouvoir s'arrêter,
Elle et Lucas ne fir'nt que chanter ;
 Amusez-vous,
Belle aux yeux doux,
 Amusez-vous,
 Trémoussez-vous,
Amusez-vous, belle :
 Amusez-vous,
 Ne craignez rien,
Trémoussez-vous bien.

Mais un jour, que sur l'herbe nouvelle,
Adèl' chantait ça,
Un gros loup la croqua...
Fillettes, d'après c'te l'çon-là,
 Méfiez-vous
D'ce r'frain si doux :
 Amusez-vous,
 Trémoussez vous,
Amusez-vous, belle :
 Amusez-vous,
 Ne craignez rien,
Trémoussez-vous bien.

DÉSAUGIER.

LE MOUVEMENT PERPÉTUEL.

Loin d'ici, sœurs du Permesse,
Chétives buveuses d'eau;
Cachez-vous avec prestesse
Dans votre fangeux ruisseau.
Bacchus m'anime et m'inspire ;
Il échauffe tous mes sens;
C'est lui qui monta ma lyre,
Écoutez ses fiers accents :
 Remplis ton verre vide,
 Vide ton verre plein.
Ne laisse jamais dans ta main
Ton verre ni plein ni vide ;
Ne laisse jamais dans ta main
Ton verre ni vide, ni plein.

Si le ciel, dans sa colère,
Te fit le funeste don
D'une femme atrabilaire
Troublant toute ta maison,
Laisse là cette mégère,
Ce lutin, ce vrai démon,
Et vite d'un pas célère,
Vers le plus prochain bouchon.
 Remplis ton verre vide
 Vide ton verre plein;
Ne laisse jamais dans ta main
Ton verre ni plein ni vide ;

Ne laisse jamais dans ta main
Ton verre ni vide ni plein.

Nargue de la gent savante
Qui, du mouvement sans fin,
Depuis mille ans se tourmente,
Sans aucun succès certain!
Moi seul, et pour moi-même,
Assis dans un cabaret,
J'ai trouvé ce grand problème ;
Voici quel est mon secret :
   Remplis ton verre vide,
   Vide ton verre plein ;
Ne laisse jamais dans ta main
Ton verre ni plein, ni vide ;
Ne laisse jamais dans ta main
Ton verre ni vide, ni plein.

Si les voûtes azurées
S'écroulaient avec fracas,
Si leurs ruines embrasées
Vomissaient mille trépas,
La trogne toujours vermeille,
Et le front toujours serein,
Tenant en main ma bouteille
Je dirais à mon voisin :
   Remplis ton verre vide,
   Vide ton verre plein ;
Ne laisse jamais dans ta main
Ton verre ni plein, ni vide ;
Ne laisse jamais dans ta main
Ton verre ni vide, ni plein.

LES EFFETS DU VIN.

Voulez-vous suivre un bon conseil ?
Buvez avant que de combattre :
De sang-froid je vaux mon pareil ;
Mais lorsque j'ai bu, j'en vaux quatre.
Versez donc, mes amis, versez ;
Je n'en puis jamais boire assez.

Comme ce vin tourne l'esprit !
Comme il vous change une personne !
Tel qui tremble, s'il réfléchit,
Fait trembler quand il déraisonne.
Versez donc, mes amis, versez ;
Je n'en puis jamais boire assez.

Ma foi, c'est un triste soldat
Que celui qui ne sait pas boire :
Il voit les dangers du combat,
Le buveur n'en voit que la gloire.
Versez donc, mes amis, versez ;
Je n'en puis jamais boire assez.

Cet univers, oh ! c'est très beau ;
Mais pourquoi dans ce bel ouvrage
Le Seigneur a-t-il mis tant d'eau ?
Le vin me plairait davantage.
Versez donc, mes amis, versez ;
Je n'en puis jamais boire assez.

S'il n'a pas fait un élément
De cette liqueur rubiconde,
Le Seigneur s'est montré prudent :
Nous eussions desséché le monde.
Versez donc, mes amis, versez,
Je n'en puis jamais boire assez.

FABIEN PILLET.

LE REFRAIN DU CHASSEUR.

Mes am's, partons pour la chasse,
Du corps j'entends le joyeux son.
    Tonton, tonton,
      Tontaine, tonton.
Jamais ce plaisir ne nous lasse,
Il est bon en toute saison.
    Tonton,
      Tontaine, tonton.

A sa manière, chacun chasse,
Et le jeune homme et le barbon.
    Tonton, tonton,
      Tontaine, tonton.
Mais le vieux chasse la bécasse,
Et le jeune un gibier mignon.
    Tonton,
      Tontaine, tonton.

Pour suivre le chevreuil qui passe,
Il parcourt les bois, le vallon.
    Tonton, tonton,
    Tontaine, tonton.
Et jamais, en suivant sa trace,
Il ne trouve le chemin long.
    Tonton,
    Tontaine, tonton.

A l'affût le chasseur se place,
Guettant le lièvre ou l'oisillon,
    Tonton, tonton,
    Tontaine, tonton.
Mais si jeune fillette passe,
Il la prend ; pour lui tout est bon.
    Tonton,
    Tontaine, tonton.

Le vrai chasseur est plein d'audace,
Il est gai, joyeux et luron.
    Tonton, tonton,
    Tontaine, tonton.
Mais quelque fanfare qu'il fasse,
Le chasseur n'est pas fanfaron.
    Tonton,
    Tontaine, tonton.

Quand un bois de cerf l'embarrasse,
Chez sa voisine, sans façon,
    Tonton, tonton,
    Tontaine, tonton.

Bien discrètement il le place
Sur la tête d'un compagnon.
    Tonton,
    Tontaine, tonton.

Quand on a terminé la chasse,
Le chasseur se rend au grand rond.
    Tonton, tonton,
    Tontaine, tonton.
Et chacun boit à pleine tasse
Au grand saint Hubert, son patron.
    Tonton,
    Tontaine, tonton.

Marion du Mersan.

ÉLOGE DE L'EAU.

Il pleut, il pleut, enfin !
Et la vigne altérée
Va se voir restaurée
Par ce bienfait divin !
De l'eau chantons la gloire,
On la méprise en vain :
C'est l'eau qui nous fait boire } (bis)
Du vin, du vin, du vin.

C'est par l'eau, j'en conviens,
Que Dieu fit le déluge ;
Mais ce souverain juge

Mit les maux près des biens ;
Du déluge, l'histoire
Fait naître le raisin.
C'est l'eau qui nous fait boire
Du vin, du vin, du vin.

Du bonheur je jouis,
Quand la rivière apporte,
Presque devant ma porte,
Des vins de tous pays.
Ma cave et mon armoire,
Dans l'instant tout est plein.
C'est l'eau qui nous fait boire
Du vin, du vin, du vin.

Par un temps sec et beau,
Le meunier du village
Se morfond sans ouvrage
Et ne boit que de l'eau.
Il rentre dans sa gloire
Quand l'eau vient au moulin.
C'est l'eau qui lui fait boire
Du vin, du vin, du vin.

S'il faut un trait nouveau,
Mes amis, je le guette ;
Voyez à la guinguette
Entrer mon porteur d'eau.
Il y perd la mémoire
Des travaux du matin.
C'est l'eau qui lui fait boire
Du vin, du vin, du vin.

Mais à vous chanter l'eau,
Je sens que je m'altère,
Passez-moi vite un verre
Plein du jus du tonneau.
Que tout mon auditoire
Répète mon refrain :
C'est l'eau qui nous fait boire
Du vin, du vin, du vin.

ARMAND GOUFFÉ.

PLUS ON EST DE FOUS, PLUS ON RIT.

Des frêlons bravant la piqûre,
Que j'aime à voir dans ce séjour
Le joyeux troupeau d'Épicure
Se recruter de jour en jour !
Francs buveurs que Bacchus attire
Dans ces retraites qu'il chérit,
Avec nous venez boire et rire...
Plus on est de fous, plus on rit. (bis)

Ma règle est plus douce et plus prompte
Que les calculs de nos savants.
C'est le verre en main que je compte
Mes vrais amis, les bons vivants !
Plus je bois, plus leur nombre augmente,
Et quand ma coupe se tarit,
Au lieu de quinze, j'en vois trente !...
Plus on est de fous, plus on rit.

Si j'avais une salle pleine
Des vins choisis que nous sablons,
Et grande au moins comme la plaine
De Saint-Denis ou des Sablons,
Mon pinceau, trempé dans la lie,
Sur tous les murs aurait écrit :
Entrez, enfants de la folie,
Plus on est de fous, plus on rit.

Entrez, soutiens de la sagesse,
Apôtres de l'humanité ;
Entrez, amis de la richesse ;
Entrez, amants de la beauté ;
Entrez, fillettes dégourdies,
Vieilles qui visez à l'esprit ;
Entrez, auteurs de tragédies...
Plus on est de fous, plus on rit.

Puisque notre vie a des bornes,
Aux enfers un jour nous irons ;
Et malgré le diable et ses cornes
Aux enfers un jour nous rirons...
L'heureux espoir ! que vous en semble ?
Or, voici ce qui le nourrit :
Nous serons là-bas tous ensemble...
Plus on est de fous, plus on rit.

Armand Gouffé.

LA CHASSE.

Chacun de nous a sa folle :
Moi, la chasse est ma passion.
    Tonton, tonton,
        Tontaine, tonton.
C'est un plaisir que je varie
Suivant le lieu, l'occasion.
    Tonton,
        Tontaine, tonton.

Tantôt les perdrix dans la plaine
Tombent sous mes coups à foison,
    Tonton, tonton,
        Tontaine, tonton.
Tantôt la troupe au bois m'entraîne,
Tout gibier me plaît, s'il est bon.
    Tonton,
        Tontaine, tonton.

Dans les vignes du vieux Silène,
La chasse est de toute saison.
    Tonton, tonton,
        Tontaine, tonton.
Et le plaisir passe la peine,
Car on y laisse sa raison.
    Tonton,
        Tontaine tonton.

Quelquefois je vais au Parnasse,
Mais, hélas ! depuis qu'Apollon,
  Tonton, tonton,
  Tontaine, tonton,
N'a plus le Goût pour garde-chasse,
Son domaine est à l'abandon.
  Tonton,
  Tontaine, tonton.

Sur les terres de la Fortune,
Le chasser n'est pas aussi bon.
  Tonton, tonton,
  Tontaine, tonton.
La chasse au vol est trop commune
Depuis dix ans dans le canton.
  Tonton,
  Tontaine, tonton.

J'aime à braconner à Cythère ;
Mais du cor j'adoucis le son.
  Tonton, tonton,
  Tontaine, tonton.
Les grâces ne se prennent guère
Dans les filets du fanfaron.
  Tonton,
  Tontaine, tonton.

    PHILIPPON LA MADELEINE.

LA BARQUE A CARON.

Ah! que l'amour est agréable!
Il est de toutes les saisons :
Un bon bourgeois dans sa maison
Le dos au feu, le ventre à table,
Un bon bourgeois, dans sa maison,
Caressant un jeune tendron.

Bacchus sera mon capitaine,
Vénus sera mon lieutenant,
Le rôtisseur mon commandant,
Le fournisseur mon porte-enseigne,
Ma bandoulière du boudin,
Mon fourniment rempli de vin.

Quand nous serons dans l'autre monde,
Adieu plaisirs, adieu repas ;
Sachez bien que nous n'aurons pas
D'aussi bon vin dans l'autre monde :
Nous serons quittes d'embarras,
Une fois partis dans ces lieux bas.

Après ma mort, chers camarades,
Vous placerez dans mon tombeau
Un petit broc de vin nouveau,
Un saucisson, une salade,
Une bouteille de Mâcon,
Pour passer la barque à Caron.

LE RETOUR DU CONSCRIT.

Dans la pièce du *Soldat laboureur*.

Ah ! que je suis donc chagrinée
Que mon amant s'est engagé,
   Je pleur' tous les soir,
   Que je peux pas savoir
   Quand je vas le revoir.
Y a deux ans qu'il est parti,
   Avec son beau fusil,
   Pour tuer les ennemis.

Ah ! bah ! la bell' ne pleurez pu
Que votre amant est revenu.
   J'vous r'connais; en partant,
   Vous étiez paysan,
   A présent, changement,
Comm' tu est habillé !
   Te voilà relapé
Comme un vrai grenadier.

François', ma mignon' mon tendron,
Je reviens pour faire la moisson.
   Je suis un beau guerrier,
   Qui n'a pas déserté ;
   Je viens pour t'épouser.
Bonjour, ma mi', mon cœur,
   Donne-moi tes faveurs,
Je suis ton serviteur.

             Arrangée par ODRY.

LE DÉPART DU GRENADIER.

Dans la pièce des Cuisinières.

Guernadier que tu m'affliges
En m'apprenant ton départ,
Va dire à ton capitaine
Qu'il te laisse en nos cantons,
Que j'en serais bien aise,
    Contente, ravie,
De t'y voir en garnison.

Ma Fanchon, sois-en ben sûre,
Je ne t'oublirai jamais ;
C'est ton amant qui te l' jure,
Et crois bien qu'il n'aura pas
Le cœur assez coupable,
    Perfide, barbare,
D'oublier tous tes attraits.

Guernadier, puisque tu quittes
Ta Fanchon, ta bonne amie;
Tiens, voilà quatre chemises,
Cinq mouchoirs, un' pair' de bas,
Sois-moi toujours fidèle,
    Constant, sincère.
Je ne t'oublirai jamais.

Arrangée par Mlle FLORA.

LE FOURNIMENT.

Sais-tu pourquoi que je t'estime,
Dis-moi donc, mon cher fourniment ?
C'est qu' tu fus toujours mon intime,
Depuis que j' suis t'au régiment.
A demain pour monter la garde,
Je vais t' blanchir et t' nétoillier,
Pour qu'on admire à la parade
L' beau fourniment du guernadier.

Viens, toi, ma charmante giberne :
C'est par toi que j' vais commencer,
Toi, que l'on n'a jamais vu terne
Au jour qu'y avait du danger !
Ma p'tit', combien tu dois êtr' fière
Tout à la fois de renfermer
Les cheveux d' la particulière
Et les cartouch's du guernadier.

Sabre d'amour, sabre de guerre,
Tu s'ras toujours le défenseur
De la cell' qui a su me plaire,
Et qu'elle a su toucher mon cœur.
Malheur à c' tilà qui t'offense,
De toi il doit se méfillier ;
Car tu coup's les ennemis d' la France,
Comme les rivaux du guernadier.

O toi, soutien de ma vaillance
O mon fuzi, si clair, si beau !
Toi, qui, pour le salut d' la France,
Serait dans l' cas d' partir dans l'eau ;
Au Tripoli, fils de la gloire,
Tu dois l'éclat de ton acier,
Comme je te dois la victoire,
Vieux compagnon du guernadier.

Havre-sac, ô mon tendre frère !
Que sur mon dos j'ai tant porté,
Dans la Russie z'et la Bavière,
Avec moi t'a fièr'ment trotté !
Tu renferm's les bas, la chemise,
L' fin pantalon d' drap d'officier,
Et les mouchoirs que la payse
F'it présent à son guernadier.

FANFAN LA TULIPE.

Comme l' mari d' notre mère,
Doit toujours s'appeler papa,
Je vous dirai que mon père
Un certain jour me happa ;
Puis me m'nant jusqu'au bas d' la rampe,
M' dit ces mots qui m' mirent tout sens sus d'sous :
J' te dirai, ma foi,
N'y a plus rien pour toi,

Rien chez nous ;
V'là cinq sous,
Et décampe.
En avant, Fanfan La Tulipe,
Mill' millions d'un' pipe,
En avant !

Puisqu'il est d' fait qu'un jeune homme,
Quand il a cinq sous vaillant,
Peut aller d' Paris à Rome,
Je partis en sautillant.
L' premier jour j' trottais comme ange,
Mais l' lend'main j' mourais quasi d' faim.
Un r'cruteur passa
Qui me proposa.
Pas d'orgueil,
J' m'en bats l'œil,
Faut que j' mange.
En avant, Fanfan La Tulipe,
Mill' millions d'un' pipe,
En avant !

Quand j'entendis la mitraille,
Comm' je r'grettais mes foyers ;
Mais quand j' vis à la bataille
Marcher nos vieux grenadiers :
Un instant, j'somm's toujours ensemble,
Ventrebleu ! m' dis-je alors tout bas :
Allons, mon enfant,
Mon petit Fanfan
Vite au pas,

Qu'on n' diz' pas
Que tu trembles,
En avant, Fanfan La Tulipe,
Mill' millions d'un' pipe,
En avant !

En vrai soldat de la garde,
Quand les feux étaient cessés,
Sans regarder la cocarde,
J'tendais la main aux blessés.
D'insulter d's homm's vivant encore,
Quand j' voyais des lâch's s' faire un jeu
Ah ! mill' ventrebleu,
Quoi ! devant moi,
J' souffrirais
Qu'un Français
S' déshonore !
En avant, Fanfan La Tulipe,
Mill' millions d'un' pipe,
En avant !

Longtemps soldat vaill' que vaille,
Quoiqu'au d'voir toujours soumis,
Un' fois hors du champ d' bataille,
J' n'ai jamais connu d'enn'mis ;
Des vaincus la touchante prière
M' fit toujours voler à leur secours.
P't-êtr' c' que j' f'rai pour eux,
Les malheureux
L' f'ront un jour,
A leur tour,

Pour ma mère.
En avant, Fanfan La Tulipe,
Mill' millions d'un' pipe,
En avant !

A plus d'une gentill' friponne
Maintes fois j'ai fait la cour,
Mais toujours à la dragonne :
C'est vraiment l' chemin l' plus court.
J' disais, quand une fille un peu fière
Sur l'honneur s' mettait à dada :
N' tremblons pour pas ça,
Ces vertus-là
Tôt ou tard,
Finiss't par,
S' laisser faire,
En avant, Fanfan La Tulipe,
Mill' millions d'un' pipe,
En avant !

Mon père, dans l'infortune,
M'app'la pour le protéger ;
Si j'avais eu d' la rancune
Quel moment pour me venger !
Mais un franc, un loyal militaire,
D' ses parents doit toujours êtr' l'appui.
Si j' n'avais eu qu' lui
Je s'rais aujourd'hui
Mort de faim ;
Mais enfin,
C'est mon père.

En avant, Fanfan La Tulipe,
Mill' millions d'un' pipe,
En avant !

Maintenant je me repose
Sous le chaume hospitalier,
Et j'y cultive la rose,
Sans négliger le laurier ;
D' mon armure j' détach' la rouille.
Si le roi m'app'lait dans les combats,
De nos jeun's soldats
Guidant les pas,
J' m'écrirais :
J' suis Français !
Qui touch' mouille.
En avant, Fanfan La Tulipe,
Mill' millions d'un' pipe,
En avant !

Émile Debraux.

LES DEUX CONSCRITS.

Queu douleur ! faut que j'aille
Vivre loin du pays ;
J'aimons pas la bataille,
Car j'ons pas d'ennemis.
— A tout je me conforme,
J' partirai sans regrets,

Le tambour... l'uniforme
Ont pour moi tant d'attraits,
  Ran tan plan,
J'aime ce refrain du régiment,
Ran tan plan, ran pataplan.

— J'ons le cœur qui me serre
Quand j' vois battre un dindon ;
Pourrai-je ben à la guerre
Tuer des gens pour tout d' bon.
— Les enfan's de la France
A l'ennemi vont gaîment,
Et pas un ne balance
Quand on crie : en avant !
  Ran tan plan,
Au feu l'on court en chantant,
Ran tan plan, ran pataplan.

— Après une bonne affaire
On r'vient clopin clopant.
— Mais à la boutonnière.
Peut briller un ruban.
— On attrap' quelqu's torgnoles.
— Mais on devient sergent.
— L' canon vous carambole.
— Et l'on meurt glorieus'ment
  Ran tan plan,
On voit l'ennemi fuyant,
Et l'on redit... en mourant !
  Ran pataplan.

Adieu donc au village,
Priez pour les conscrits;
Et nous, par not' courage
F'sons honneur au pays.
On ne peut sans souffrance
De lui se détacher;
Gardons tous l'espérance
De revoir son clocher.
  Ran tan plan,
Amis, la gloire nous attend,
Ran tan plan, ran pataplan.

COGNIARD frères.

LA LETTRE DE FAIRE PART,

OU LA MORT DU CONSCRIT.

Rose, l'intention d' la présente
Est de t'informer d' ma santé.
L'armée française est triomphante,
Et moi, j'ai l' bras gauche emporté;
Nous avons eu d' grands avantages;
La mitraill' m'a brisé les os;
Nous avons pris arm's et bagages,
Pour ma part, j'ai deux ball's dans l' dos.

J' t'écris à l'hôpital, d'où j' pense
Partir bientôt pour chez les morts;

J' t'envoie dix francs qu' celui qui m' panse
Ma donné pour avoir mon corps.
Je m' suis dit, puisqu'il faut que j' file,
Et qu' ma Ros' perd son épouseur,
Ça fait que j' mourrai plus tranquille
D' savoir que j' lui laiss' ma valeur.

Lorsque j'ai quitté ma vieill' mère,
Elle expirait sensiblement ;
A l'arrivée de ma lettr', j'espère,
Qu'ell' sera morte entièrement.
Car si la pauvr' femme est guérite,
Elle est si bonn' qu'elle est dans l' cas
De s' fair' mourir de mort subite,
A la nouvelle d' mon trépas.

C'que j' te recommand' bien, ma p'tit' Rose,
Mon bon chien, ne l'abandonn' pas,
Et surtout n' lui dis pas la chose,
Qui fait qu'il ne me r'verra pas ;
Car lui qui se faisait un' fête
De me voir dev'nir caporal,
Il pleurerait comme une bête
En apprenant mon sort fatal.

C'est tout d' même un' chos' qui m'enrage,
D'êtr' fait mourir loin du pays ;
Car lorsque l'on meurt au village,
On peut dire bonsoir aux amis ;
L'on a sa place derrièr' l'église,
L'on a son nom sur un' croix d' bois

Et l'ou peut croir' que la payse
Y viendra prier quelquefois.

Adieu ! Rose, adieu ! du courage !
A nous r'voir il n' faut plus songer ;
Car au régiment où j' m'engage,
On n' vous accorde pas de congé.
V'là tout qui tourne... j' n'y vois goutte !
Ah ! c'est fini... j' sens que j' m'en vas !
J' viens de r'cevoir ma feuille de route.
Adieu ! Rose, adieu ! n' m'oubliez pas !

TABLE DES MATIÈRES.

Pauvre gaudriole.................... 1
Joli mois de mai, quand reviendras-tu? 3
Les lunettes........................ 5
Momus en colère..................... 8
La leçon d'amour.................... 11
Le retour du troubadour............. 12
Le capucin.......................... 14
Nina la marinière................... 16
Un amour d'autrefois................ 17
Le franc buveur..................... 19
Le canot............................ 21
Il faut aimer....................... 23
La femme aimée...................... 24
La marchandise à tout prix.......... 26
Si vous m'aimez..................... 28
Aux invalides....................... 29
Les grands et les petits............ 32
Le savant et le sago................ 33
La chanson.......................... 35
Lisette au bois..................... 37
Enivrons-nous....................... 39
Mes cheveux blancs.................. 41
Le testament........................ 43
Allez vers l'Éternel!............... 45
Il ne faut pas dire: Fontaine, etc... 47
Partons et restons.................. 48
Les amours inconstants.............. 49
Où vas-tu?.......................... 50
Fouettez fort....................... 52
Chanson des hommes complaisants..... 54
Chanson sur la foire................ 55
Cinquante ans....................... 57

Mea culpa	58
Souvenir d'amour	60
La petite fille amoureuse	62
Les joujous	63
La tante Marguerite	65
La foudre et les deux bergers	66
Le diable	68
Adèle	69
Le roi de la fève	71
Le gâteau des rois	72
Les billets d'enterrement	74
Le philosophe renouvelé des Grecs	76
Je ne veux pas me presser	77
Délire bachique	79
C'est c'que je n'sais pas	80
Lantara	82
L'éclipse de lune	83
Le projet illusoire	85
Le baiser	87
Chanson morale	88
Le Cid	89
Les deux voyageurs	90
Le dessert	91
Puisque ma mère le défend	94
Le chat	96
Le petit bien de Lise	97
Je n'y pense plus	99
Le véritable amour	100
La croix du bois noir	101
Ah! qu'il est bon là, mon homme	102
La batelière du Rhin	104
Veux-tu t'taire	105
L'ange au ciel	106
Le mousse orphelin	107
Les bons amis	108

Ronde	110
Le portrait de la vie	113
Les souvenirs	114
Il est minuit	116
L'aveugle et son chien	117
Coralie	118
Le matelot de Bordeaux	119
Le marin	121
La muette de Portici	122
Le convoi du pauvre	123
A mes voisines	124
Le vieil épicurien	127
Le bon garçon	130
Approche-toi !	132
Le myosotis	134
Chansonnette	135
A la grâce de Dieu	136
La cancannière	140
Les flons flons	142
L'omelette	143
Le bon curé	147
Le vieux ménétrier	149
L'heureuse surprise	150
Les suppositions	151
La Marraine	154
L'Histoire de Margot	156
Vive l'ancien	159
Quelque chose	162
Le gros nez	165
La feuille à l'envers	169
La cuisinière du bon ton	171
L'hôpital	173
Le convalescent	174
Le cauchemar	176
Lettre d'un conscrit à sa mère	178

Le carafon...	179
La cigarette..	181
Le galop..	183
Le lavement...	186
Vivat, vivat in æternum, vivat, etc..	187
Vive le libertin.....................................	189
L'amour, la nuit et le jour..................	191
Le mauvais sujet..................................	193
La reine des grisettes..........................	195
La croûte au pot..................................	197
Le roi des étudiants.............................	199
La confidence......................................	201
Ma Lisette...	202
La bonne aventure...............................	205
La fille du savetier..............................	206
Le désir d'être sage.............................	208
La mère Bontemps...............................	209
L'influence du mois de mai.................	211
La plaisante histoire...........................	214
Le cotillon roi.....................................	216
Singulier duel.....................................	220
Trémoussez-vous.................................	223
Le mouvement perpétuel......................	225
Les effets du vin..................................	227
Le refrain du chasseur........................	228
Éloge de l'eau......................................	230
Plus on est de fous, plus on rit..........	232
La chasse...	234
La barque à Caron...............................	236
Le retour du conscrit..........................	237
Le départ du grenadier.......................	
Le fourniment......................................	
Fanfan la Tulipe..................................	
Les deux conscrits..............................	
La lettre de faire part........................	

PHYSIOLOGIE DU GOUT.

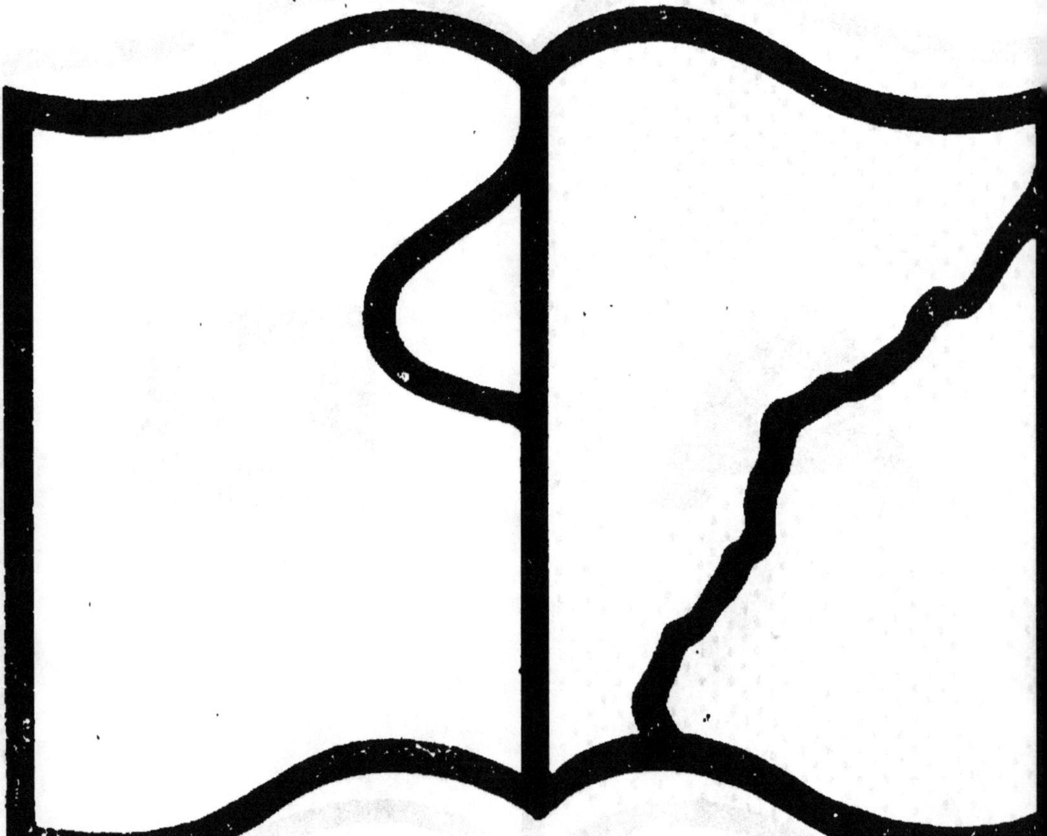

www.ingramcontent.com/pod-product-compliance
Lightning Source LLC
Chambersburg PA
CBHW070621170426
43200CB00010B/1873